LIURAL 1979

HISTOIRE
DES
PRISONNIERS CÉLÈBRES
TOME VII

CAPTIVITÉ DE L'HOMME

AU MASQUE DE FER

OU

LES ILLUSTRES JUMEAUX,

Rédigée et mise en ordre

Par Mme GUÉNARD.

TOME SECOND.

PARIS,

LOCARD ET DAVI, LIBRAIRES,

QUAI DES AUGUSTINS, N°. 3.

1822.

IMPRIMERIE DE LEROUX, A RAMBOUILLET.

L'HOMME
AU
MASQUE DE FER.

CHAPITRE XVI.

LE directeur du collége ne se donna que le temps de remettre ses pouvoirs à un de ses confrères, et partit pour Paris, en passant, comme il l'avait dit, par Lérac. Je n'ai pas besoin d'apprendre quelle fut l'indignation de toute la famille en voyant cette nouvelle mesure tyrannique contre Ferdinand; celle-là lui parut bien plus dangereuse que toute autre. Félicie se crut privée pour jamais de son ami, et jura que s'il était engagé dans les ordres, elle se ferait religieuse, et ses père et mère la voyaient déjà prononçant des vœux irrévocables; mais le jésuite les tranquillisa, et les assura qu'étant ami intime du confesseur de la reine, il trouverait bien le moyen de faire révoquer l'ordre. M. et madame de Liancourt le crurent, mais Félicie ne pouvait se consoler. Le père Saint-Armand ne répondit à ses tendres plaintes que par l'assurance de son zèle à délivrer le bel abbé et en faire son époux. Il partit, et se rendit droit aux grands jésuites où était le père Damery, qui, à cette époque, gouvernait la conscience de la reine; elle n'était plus régente; mais on avait tellement éloigné le roi des affaires, qu'il laissait sa mère gouverner et elle ne faisait rien que par les volontés du cardinal; celui-ci, forcé deux fois de quiter la France, y était rentré plus puissant que jamais. Il traînait à sa suite la cour ; et Louis XIV, qui devait faire trembler l'Europe, errait dans ses propres états agités par des conspirations sans cesse renaissantes, et ayant une armée bien moins forte que ne fut par la suite sa propre garde. Il était donc difficile d'espérer que la reine s'occuperait sérieusement de l'affaire de Ferdinand dont le jésuite ignorait l'importance ; et le père Damery ne pouvait lui en donner une exacte connaissance puisqu'il ne la savait que sous le sceau de la confession.

Le père Saint-Armand croyait Ferdinand fils de Charles Ier. et d'une dame anglaise d'un haut parage ; et que la reine d'Angleterre l'avait fait élever par M. de Louvigny ; et comme on craignait qu'il ne partageât le malheur attaché au nom de

Stuart (1), on voulait qu'il n'eût aucune connaissance de son origine; et qu'il n'augmentât pas le nombre des princes de cette maison infortunée, et que c'était la raison pour laquelle on le forçait à prendre l'état ecclésiastique. La ressemblance avec Louis XIV était alors sans aucune raison, mais quand on se bâtit un système, on laisse de côté tout ce qui peut y nuire.

Le jésuite qui savait combien il est malheureux de prendre un état où l'on n'est point appelé, était décidé à faire un scrupule à la reine de forcer ainsi la vocation de ce jeune prince, et il avait un projet qui paraissait obvier à tous les inconvéniens. Com-

---

(1) Depuis trois siècles, tous ceux qui portèrent ce nom, à l'exception de Charles II, avaient péri d'une mort violente.

me nous l'avons dit, il chercha donc d'abord le père Damery, qu'il touva à l'instant de partir pour Saint-Germain où la reine le demandait. Celui-ci offrit au directeur de faire la route avec lui, qu'il pouvait le loger au château, et qu'ils auraient tout le temps de s'entretenir du sujet de son voyage dont il était étonné, car il savait que le directeur tenait infiniment à ses élvèes, et il pensait qu'il fallait qu'il eût une cause bien grave pour qu'il les quittât dans le milieu de l'année classique.

Dès qu'ils furent en voiture, le pére Saint-Armand rendit à son confrère tout ce qui s'était passé à Bordeaux et appuya fortement sur l'injure faite à leur ordre, de leur enlever un de leurs élèves pour le confier à M. le Bon, dont les principes politiques étaient fort équivoques, ayant été toujours plus attaché au parlement qu'à la cour. M. de Saint-Armand savait que c'était le moyen le plus sûr de fixer l'attention du confesseur qui tenait beaucoup à l'honneur de son ordre. Le père Damery ne dit point à son confrère qui était Ferdinand : il ne le pouvait pas; mais il dit qu'il n'était pas anglais, et encore moins fils du roi d'Angleterre; il ajouta : on ne peut pas douter qu'il n'ait une origine illustre par les soins que l'on prend de la cacher, et en même temps on le comble de faveurs; mais que prétendez-vous entreprendre contre le cardinal ? — Faire sentir à la reine qu'on ne peut pas disposer du sacerdoce comme d'un régiment, et que si Ferdinand est un mauvais prêtre, toutes ces fautes retomberont sur cette princesse.

Le père Damery était dévot, quoiqu'à la cour; il fut frappé de cette vérité, et il promit à son confrère de lui faire avoir une audience particulière. J'aime mieux, dit-il, que vous fassiez ce scrupule à la reine que moi; elle m'en parlera, j'appuierai, et votre élève rentrera au collége.

Pendant que le confesseur se rendait aux ordres de la reine, M. de Saint-Armand se promenait sur la terrasse en attendant qu'il pût avoir la réponse de S. M., réfléchissant profondément à la destinée de Ferdinand. Il est tiré de sa rêverie par un bruit de chevaux qui venaient de l'autre côté de la terrasse; il aperçut une calèche avec plusieurs hommes à cheval; il reconnut la livrée de madame de Chevreuse, qu'il connaissait pour l'avoir vue à Bordeaux.

Elle le remit aussi et fit arrêter. — Quoi! c'est vous, mon révérend père; et elle l'engagea à monter dans sa voiture.

Dès qu'il y fut, la première chose qu'elle lui demanda fut des nouvelles de Ferdinand de Louvigny. Le jésuite surpris de ce qu'elle connaissait ce jeune homme, lui répondit: J'espère qu'il se porte bien, mais il est bien malheureux dans ce moment. La duchesse s'informa avec un vif intérêt du sujet de ce nouveau chagrin. M. de Saint-Armand le lui dit les larmes aux yeux.— Vous êtes bien touché, monsieur, des persécutions que Ferdinand éprouve; si vous saviez comme moi qui il est, vous le seriez bien davantage; connaissez-vous sa mère? — Non, madame. — Eh bien! jurez-moi de garder le secret; et vous le saurez

— Je vous le jure. Alors madame de Chevreuse dévoila aux yeux du jésuite cette ténébreuse intrigue. Il en fut indigné. La duchesse lui dit que s'il n'avait pas une réponse favorable de la reine, qu'elle ferait enlever le jeune prince malgré toute la surveillance du père le Bon, et elle lui donna rendez-vous dans son appartement au château, quand il sortirait de l'audience de la reine.

M. de Saint-Armand redoubla de zèle pour son élève en connaissant son malheur; il sentait combien la situation de la reine était embarrassante; mais il ne pouvait concevoir comment une mère condamnait ainsi son fils à embrasser un état qui était odieux au jeune homme; il attendait avec une grande anxiété le résultat de sa conférence avec cette princesse.

Le père Damery le vint trouver dans son appartement, où il s'était rendu en quittant madame de Chevreuse. La reine, lui dit-il en entrant, a paru émue quand je lui ai dit que vous étiez ici, et que vous sollicitiez la grâce d'une audience particulière. — Que me veut-il, a dit cette princesse, le savez-vous? Il m'a bien fallu déguiser la vérité, mais c'était pour l'intérêt du prochain; je lui ai dit que je ne savais pas; ainsi, ne dites pas, cher ami, que vous m'en ayez parlé. Le jésuite lui promit la plus grande prudence. L'audience était pour minuit. Il paraît que la reine ne voulait pas que le cardinal la surprît. On fit dire à madame de Chevreuse que l'heure de l'audience ne permettait pas à M. de Saint-Armand de la voir en quittant S. M.; mais qu'il prendrait ses ordres le lendemain.

Les deux confrères firent un bon souper, dirent leur bréviaire, et jouèrent au trictrac jusqu'à l'heure de se rendre chez la reine. Bloin, garçon de la chambre, en qui S. M. avait une extrême confiance, vint avertir le révérend père qu'Anne l'attendait. M. de Saint-Armand le suivit; cet homme le fit passer par les mêmes corridors qui avaient servi à la reine pour ses rendez-vous avec son fils. Tant de mystères fortifièrent les idées que l'on avait données à M. de Saint-Armand, et il ne douta pas que son élève ne fût véritablement le frère du roi.

Celui qui était chargé de l'introduire, ouvrit une petite porte dont il avait la clef, dit au jésuite d'entrer, et ensuite il referma la porte à double tour et se retira. Le révérend père se trouva seul dans un oratoire, éclairé comme en plein jour, tout brillant d'or, de peintures précieuses et dont l'air était embaumé par des cassolettes qui brûlaient sans cesse ; il se cru transporté dans la Jérusalem céleste; son émotion était extrême, et elle fut bien plus forte encore lorsqu'un panneau de glace s'ouvrit, et qu'il vit entrer la reine. Quoique cette princesse eût plus de cinquante ans, elle était encore belle, et la noblesse de son port avait quelque chose de si imposant que le jésuite eut peine à le supporter ; il ne savait ce qu'il devait dire, et par où commencer son discours. La reine le tira d'embarras, en lui parlant ainsi : Je sais d'avance, monsieur de Saint-Armand, ce que vous avez à me dire ; c'est de Ferdinand dont vous venez me parler. Je ne sais jusqu'à quel degré vous êtes dans la confidence de cet important secret ; je ne vous le demande point, je ne veux point le savoir ; cela ne m'importe pas ; vous êtes trop prudent, et vous tenez à un ordre qui sait trop se conduire par la plus parfaite politique pour craindre de vous la moindre indiscrétion. Qu'il vous suffise aussi de savoir qu'il importe au salut de l'état que Ferdinand soit engagé dans le sacerdoce, que vous y mettiez beaucoup trop d'indulgence, et que la mesure que le cardinal a prise était devenue indispensable. C'est un fort petit malheur pour un jeune homme d'être retenu dans une maison respectable pendant trois ou quatre ans. — Madame, Ferdinand n'en a que seize. — Eh bien ! sept ou huit cela est possible ; mais ensuite il sera parfaitement libre, puissamment riche, et la pourpre romaine ne sera peut-être pour lui qu'un degré pour obtenir la tiare : est-ce donc un sort si malheureux ! M. de Saint-Armand avait eu le temps de se remettre pendant que la reine lui avait parlé, il avait été tellement révolté de voir une mère trouver qu'une prison de sept à huit ans était la chose la moins fâcheuse, de la voir condamner au célibat un jeune homme, sans savoir si c'était ou non sa vocation, qu'il prit le parti de parler avec la plus grande fermeté contre un tel abus de l'autorité. La reine fut étourdie par sa mâle éloquence; personne, pas même le cardinal, n'avait osé lui parler ainsi. Je sais, madame, ajouta-t-il, en finissant, que je me perds et peut-être mon élève; mais les intérêts de la religion, je n'ose dire ceux de la nature, sont tellement méconnus dans la conduite que M. le cardinal fait tenir à V. M. que je n'ai pu me taire.

La reine ne put retenir ses larmes : vous voyez plus, dit-elle, que je ne voulais vous laisser voir, mais vous n'aurez pas imploré en vain l'amour maternel, non, je ne prononcerai pas son malheur; je ne puis dans cet instant faire révoquer l'ordre, mais il le sera dès qu'il sera sous-diacre. Vous devez m'entendre ; retournez près de lui ; tâchez qu'il se détermine à prendre au moins les ordres. Vous dites qu'il aime mademoiselle de Liancourt, quoi! si jeune ? — Ils s'adorent. — Ces pauvres enfans ! enfin nous verrons, il faut gagner du temps. Le cardinal est buté à ce qu'il soit ecclésiastique; vous devez concevoir ses raisons. Libre, quel danger pour l'état ! On a fait une grande faute, ce n'est pas moi; madame de Louvigny vous le dira, demandez-le lui. Elle sait comment tout s'est passé, mais comment revenir ? comment enlever à la France un roi qu'elle adore, qui le mérite ? il est si beau, si aimable ! Ferdinand l'est aussi ; mais il n'est donc pas un moyen qui pût tout concilier ? Et alors le père Saint-Armand fit part à la reine d'un projet qui s'exécuta plus tard, et dont nous verrons les développemens. S. M. n'en était pas éloignée, mais elle craignait le cardinal, et le directeur ne put obtenir rien de positif. C'était beaucoup d'avoir arraché l'aveu de la mère de Ferdinand. Quelle arme elle avait donnée contre elle ! elle promit de parler au cardinal et d'envoyer la réponse à M. de Saint-Armand, chez le père Damery qui viendrait la chercher chez elle après la messe. Anne recommanda au jésuite la plus extrême discrétion, et surtout de se défier de la duchesse de Chevreuse, qui, pour se donner en spectacle, bouleversait le royaume. Alors elle détacha de son doigt un très-beau diamant, et dit à M. de Saint-Armand: portez ceci à mon fils de la part de la belle dame, car je sais que c'est ainsi qu'il m'appelle; qu'il sache que vous avez vu cette tendre protectrice de sa jeunesse, et qu'il soit sûr qu'elle ne négligera rien pour son bonheur; mais évitez les factions, parce que je ne serais plus maîtresse de rien.

Le jésuite se retira peu satisfait. L'ordre n'était point révoqué, seulement il avait obtenu qu'il en serait expédié un pour qu'il pût voir son élève toutes les fois qu'il le voudrait, et l'entretenir seul. Il alla l'attendre chez le père Damery. Quelle fut sa surprise d'y trouver à cette heure madame de Chevreuse ! Elle avait une conversation animée avec le jésuite, qui se retranchait dans cette phrase : Je ne sais rien, je saurais que je n'en conviendrais pas. — Mais, dit-elle, qu'a-t-on fait de l'acte signé de la reine, et des témoins de la naissance de Ferdinand, que S. M. devait produire aussitôt la mort du roi? pourquoi est-il resté enseveli ? Quand j'ai voulu en parler, on m'a exilée; je ne suis ici que parce qu'on craint que je fasse plus de mal en pays étranger qu'en France. Le jésuite disait toujours : Je ne sais pas, je ne me mêle de rien.

L'arrivée de M. de Saint-Armand suspendit un moment cette discussion; la duchesse voulut qu'il racontât tout ce qui s'était passé entre lui et S. M.; il n'en omit rien. — Ah ! s'écria madame de Chevreuse, si j'avais prévu que vous l'eussiez pu contraindre à vous avouer son secret, je vous eusse parlé de la cassette où est renfermé l'acte qui assure l'état de votre auguste élève; mais je n'en avais pas eu l'idée, et cette occasion passée, elle ne se retrouvera pas; elle verra le cardinal, elle retrempera son cœur à froid avec cet homme qui est incapable de la plus légère sensibilité, et nous ne reverrons jamais cette pièce qui fixe le sort de Ferdinand; il faudra s'en passer. La nature a écrit sur son front, en caractères ineffaçables, ses droits à la couronne, et malheur à ceux qui ne veulent pas profiter des moyens de conciliation qu'on leur offre, et qui préfèrent user d'un pouvoir tyrannique pour rendre à jamais malheureux un innocent.

Les jésuites firent tout leur possible pour adoucir la duchesse, et lui faire sentir que loin de servir Ferdinand, elle le perdrait. Elle persista dans ses résolutions, et ne remit l'exécution de ses projets que jusqu'à ce qu'elle eût revu la reine. Enfin elle quitta ces bons pères; il était temps, car l'horloge du château sonna deux heures après minuit; mais elle retourna dans son appartement qui était proche de celui de la reine, par les mêmes passages inconnus au vulgaire, et rentra chez elle, sans que l'on sût qu'elle en était sortie.

CHAPITRE XVII.

Le père Damery se trouva chez la reine comme elle lui en avait donné l'ordre. Cette princesse avait vu le cardinal, avait eu l'imprudence de lui rendre ce que M. de Saint-Armand lui avait dit, et il lui avait fait une peinture si affreuse de la guerre civile que pouvait et devait occasionner la reconnaissance de Ferdinand, qu'elle ne voulait plus entendre parler de rien de tout ce qui avait rapport à cette reconnaissance. — Ce que je puis, dit-elle, c'est d'abréger sa détention. Dès qu'il sera sous-diacre, il quittera le séminaire, et partira, avec monsieur de Louvigny, pour voyager dans toutes les cours de l'Europe. On ajoutera l'abbaye de Saint-Germain et celle de Corbie au prieuré de Saint-Martin. Il aura le chapeau de cardinal, aussitôt que son âge le permettra : je crois qu'il ne sera pas malheureux. Quand ses voyages seront terminés il viendra à la cour de ses frères. On laissera croire qu'il est le fils de Louis XIII, et de mademoiselle d'Hautefort, et cette existence serait encore fort agréable; croyez-vous qu'une couronne soit si désirable.

Le jésuite parla en homme pénétré de l'excellence du sacerdoce, du danger de s'y engager quand on n'y était pas appelé. Le père Damery ne pouvait rien ajouter, il avait rempli son devoir; ce n'était pas sa faute si la reine ne remplissait pas le sien. Il savait, par la manière dont on en avait agi autrefois avec madame de Chevreuse, tout ce qu'il avait à craindre. Il se borna à assurer S. M. que M. de Saint-Armand se conformerait à sa volonté, et à lui rappeler qu'elle avait bien voulu promettre à ce digne ecclésiastique, la permission de voir son élève. — Cela est juste, dit la princesse, et je vais la faire demander au cardinal, qui considère trop votre ordre pour la refuser.

Le confesseur se retira, et vint retrouver son confrère, qui fut consterné de voir ainsi tromper ses espérances; il ne pouvait néanmoins partir avant qu'on lui eût envoyé la permission qu'on lui avait promise; elle ne se fit pas attendre. Il partit aussitôt sans voir madame de Chevreuse, chargeant le père Damery de lui faire ses excuses, mais qu'il avait craint de la compromettre. Comme ce qu'il avait à dire à Ferdinand n'était pas fort satisfaisant, il n'avait pas un extrême empressement de se retrouver auprès de lui. Il pensa qu'il serait plus utile qu'il passât par la Touraine, ce qui n'allongeait pas son chemin, pour y voir M. et madame de Louvigny, la reine l'y avait autorisé.

Déjà ces dignes amis de Ferdinand avaient appris, par M. de Liancourt, les nouvelles vexations du cardinal, et ils en étaient indignés. Cependant ils espéraient que le voyage du directeur, dont on leur faisait part, aurait quelques succès. Ils le virent donc arriver avec un sensible plaisir; mais quand ils apprirent la résolution de la reine, ils se livrèrent au découragement : ou il sera abandonné, ou il périra victime de quelque faction. O mon Dieu! qui pourrait croire qu'une mère pût servir ainsi les ennemis de son fils! Cependant il n'y a pas de doute qu'il faudrait engager Ferdinand à obéir aux volontés du cardinal, car c'est en vain qu'il voudra résister. M. de Saint-Armand passa vingt-quatre heures à Louvigny, et partit avec une lettre du marquis pour Ferdinand et une pour son beau-frère, afin de les engager à ployer, puisqu'il était impossible d'éviter le joug.

Ferdinand comptait les jours depuis le départ de M. de Saint-Armand. M. de Liancourt avait en vain tenté d'entrer dans le séminaire. M. le Bon était incorruptible, il gardait son prisonnier avec autant de soins que d'égards, et les portes ne s'ouvrirent qu'à la vue de la signature du cardinal que M. de Saint-Armand montra au portier, Celui-ci en instruisit un surveillant qui s'empressa d'en faire part à l'abbé le Bon; il vint en personne recevoir le jésuite, et le conduisit à l'appartement du prince. Dès que celui-ci aperçut son ami, il se lève et vient tomber dans ses bras. — Quel Dieu me rend mon cher maître ? — Vous le saurez, mon ami; et l'abbé le Bon qui avait fait quelques complimens au directeur, voyant qu'on ne disait rien que de vague devant lui, s'excusa sur ce que ses affaires ne lui permettaient pas de rester à tenir compagnie au jésuite, et sortit. Alors M. de Saint-Armand raconta à son élève tout ce qu'il devait lui dire, en exceptant ce qui aurait pu lui donner une idée distincte de sa naissance; mais il l'assura que la belle dame l'aimait toujours beaucoup : il lui montra la bague qu'il s'était chargé de lui remettre. La magnificence de ce présent étonna Ferdinand; mais il fut plus sensible à la bonté de celle qui le lui envoyait, qu'à la beauté du diamant. Il demanda ensuite quand il quitterait le séminaire, et s'il venait le chercher. — Pas encore, dit M. de Saint Armand; M. le cardinal ne le veut pas. — Et moi, je le veux, reprit Ferdinand, et je jure bien que dans huit jours j'aurai quitté cette triste habitation. Le jésuite fit l'impossible pour le calmer; il ne pût y réussir, et il eut la douleur de se séparer de lui, parce que l'heure le forçait à quitter le séminaire. — Pensez à celle qui vous envoye cette bague, lui dit-il en le quittant, et ne la réduisez pas au désespoir par des démarches qui attireraient sur vous l'animadversion du cardinal. — Il est temps que mon sort s'éclaircisse, reprit Ferdinand avec véhémence, il faut que je meure ou que je sois libre. Pauvre Ferdinand, tu ne mourras qu'après de longues années de souffrance, et tu vivras dans les fers !

Dès que M. de Saint-Armand fut parti, Ferdinand se livra à toute l'impétuosité de son caractère. — Quoi ! dit-il, on me privera du droit le plus imprescriptible; on me forcerait à prendre un état que j'abhorre, et pour y parvenir on me privera de la liberté ! non, non, il faut que cette tyrannie cesse. Si Charles veut me seconder, demain je ne serai plus ici.

Charles revint d'une conférence qui l'avait retenu plus de trois heures. En sortant, il apprit que M. de Saint-Armand était venu, et il éprouvait un vif regret de ne l'avoir pas vu. Il trouva son ami dans un désordre dont il lui demanda la cause avec la plus vive inquiétude. — Charles, il faut que je quitte le séminaire ou que je meure. Je veux aller à Lérac. — Mais, cher Ferdinand, vous compromettrez tout ce qui vous aime. — Je ne puis rien entendre; je ne sais que mourir. Je veux voir Félicie; je veux l'enlever, la conduire à Louvigny, l'épouser, et aller nous cacher dans un désert inaccessible au despotisme. — Cher Ferdinand, vous vous perdez.—Vous ne voulez point me servir? eh bien, j'affronterai seul les dangers. — Ferdinand, je n'accuse pas votre cœur, lorsque vous doutez du mien. Les passions sont injustes; mais soyez sûr qu'aussitôt que vous prendrez un parti, ce sera le mien, car Charles appartient à Ferdinand par les liens les plus sacrés, ceux de la reconnaissance. — Mon ami, je veux seulement que tu m'aides à sortir d'ici. Je suis descendu hier, pour la première fois, dans le jardin, j'ai vu une partie du mur qui est bien moins élevée que celle que j'aperçois de la fenêtre; mais encore ai-je besoin que tu me permettes de monter sur tes épaules pour pouvoir atteindre le haut du mur. Charles employa tous les raisonnemens que sa tendre amitié pouvait lui suggérer, il ne gagna rien sur l'esprit de Ferdinand. Enfin il lui promit que le lendemain, à onze heures du soir, ils attacheraient leurs draps à leurs fenêtres qui donnaient sur le jardin, et qu'il l'aiderait à franchir le mur.

Le directeur vint le lendemain, Ferdinand lui parut plus calme, ce qui lui donna une parfaite sécurité. Charles avait un vif désir de tout apprendre à M. de Saint-Armand; mais comment trahir la confiance de l'amitié. Il le laissa donc partir sans l'instruire du projet du prince, mais ce ne fut pas sans un trouble qui n'échappa point à leur digne ami. Rentré chez lui, il écrivit à M. de Liancourt, et lui fit part de ses craintes.

Cependant l'heure fatale est sonnée, et les deux amis se glissent le long de leur mobile échelle et se trouvent dans le jardin. Mais lorsqu'au pied de la muraille Ferdinand pense qu'il va se séparer pour toujours de son unique ami, un froid mortel passe dans ses veines; il tombe dans ses bras. O Charles! quel est donc ce sentiment qui l'emporte sur l'amour? Je ne puis me résoudre à te quitter, mais viens avec moi, et je brave tous les dangers. — Comment voulez-vous que nous partions ensemble, c'est impossible, puisque l'un a besoin de l'autre pour escalader le mur. Mais il me vient une idée : laissez-moi, au contraire, sortir le premier. Je me procurerai une échelle que je vous ferai repasser, et alors vous me rejoindrez, et nous nous rendrons à Lérac. Ferdinand trouva cet arrangement délicieux, et il ne douta pas qu'il n'eût un grand succès.

Charles était très-leste : il eut bientôt, aidé de Ferdinand, gagné le haut du mur, et, au risque mille fois de se casser bras et jambes, il sauta de l'autre côté, et gagnant la maison d'un maçon qui travaillait ordinairement au collége, et qui connaissait Charles comme l'ami de son bienfaiteur; car Ferdinand lui avait donné de quoi épouser sa femme et acheter la maison qu'il occupait. Cet homme qui se nommait Mazin, ignorait que le jeune prince avait quitté le collége; mais Charles savait qu'il demeurait près du séminaire. Il court, frappe à sa porte à coups redoublés; ce qui effraye Marin et sa femme encore plus. Qui est là? s'écrie-t-il tout endormi.— C'est moi, c'est Charles, l'ami de Ferdinand. Ce nom ôte toute inquiétude à Marin; il se lève, allume la lampe, vient ouvrir. Eh! monsieur Charles, quoi! si tard dans la rue!— Oui, un peu tard, il est vrai, et je n'ose rentrer. Prêtez-moi une échelle, je passerai par-desssus le mur de la cour; je retirerai l'échelle, et vous la trouverez demain, comme si vous l'aviez oubliée. Marin, qui croit que Charles et son ami sont toujours au collége, ajoute aisément foi à ce que le jeune abbé lui dit, et lui offre de porter l'échelle. — Non, non, cela vous compromettrait si on vous voyait avec moi. Marin donna l'échelle et se recoucha.

Charles approche du mur où Ferdinand l'attendait, il monte, et arrivé sur le haut, aussitôt il tire l'échelle à lui, la repasse à Ferdinand, qui monte de même, reprend l'échelle à son tour, et ils descendent l'un et l'autre, laissent l'échelle contre le mur et suivent le chemin de Lérac. Ils longeaient le bord de la rivière et déjà le jour paraissait, quand Ferdinand s'entend appeler par son nom. Pensant que c'est le supérieur qui fait courir après eux, il ne répondait pas, et faisait hâter le pas à Charles. Mais comme ils étaient à pied, et que celui qui les suivait était à cheval, il les eut bientôt rejoints. Quelle fut la surprise de Ferdinand en reconnaissant dans le cavalier qui le poursuivait, madame de Chevreuse!

Elle venait, déguisée en homme, à Bordeaux, pour chercher les moyens d'enlever Ferdinand; qu'on juge de son étonnement en le trouvant sur le grand chemin. Elle fit aussitôt descendre de cheval deux des hommes qui l'accompagnaient, et engagea les abbés à monter à leur place; puis elle les fit envelopper dans de grands manteaux écarlates, comme tous ceux de sa troupe, et mettre des chapeaux à plumet, qu'elle avait fait apporter pour qu'on ne pût les reconnaître; et, sans entrer dans aucune autre explication, elle mit son cheval au grand galop, et tous la suivirent.

CHAPITRE XVIII.

On ne s'arrêta qu'au bout d'une heure, devant une maison d'assez pauvre apparence. Un homme de la suite de la duchesse frappa à la porte. Une vieille femme l'ouvrit; la troupe entra dans la cour, et on referma la porte. Madame de Chevreuse fit passer nos fugitifs avec elle dans un fort joli salon, et s'asseyant, elle les plaça à ses côtés; puis elle leur dit: Qui donc vous a ouvert la redoutable porte du séminaire, et m'a enlevé le plaisir de vous rendre la liberté ? — Le sentiment naturel qui porte tout homme à s'affranchir d'un joug injuste et tyrannique. — Mais enfin, comment avez-vous fait ? Et Ferdinand lui raconta dans le plus grand détail, la manière dangereuse dont ils avaient franchi les murs. — Mon Dieu ! si vous fussiez tombés, que vous fussiez blessés, quelle aurait été la désolation de celle à qui vous devez le jour ! mais enfin vous voilà libres, et en état d'échapper pour jamais à l'oppression ; il ne faut plus que suivre la marche que les événemens traceront, mais il n'y a pas un moment à perdre ; et il faut enfin que vous sachiez quel est votre sort. Charles n'est pas de trop pour entendre l'aveu que je vais vous faire. Ferdinand, les yeux fixés sur la duchesse, attendait avec une sorte d'anxiété ce qu'elle allait dire, quand elle reprit la parole :

Ferdinand, vous sentez-vous le courage de disputer le premier trône de la terre, au prix de votre sang ? — Oui, si je puis y faire asseoir Félicie. — Il n'est point question ici d'amour mais de vos droits. Vous êtes le frère de Louis XIV ; vous êtes né vingt-quatre heures après lui, j'ai été témoin de votre naissance, que les cardinaux de Richelieu et Mazarin ont voulu ensevelir ; j'ai tenté plusieurs fois de vous replacer où la nature vous avait mis, et on a déjoué mes projets ; mais enfin la haine que portent les Français au premier ministre vous a fait des amis: j'ai rassemblé les chefs dans l'île de Rhé ; ils n'attendent, pour se déclarer, que de vous avoir à leur tête. Pensez que le prince de Condé n'avait que deux ans plus que vous quand il gagna la bataille de Rocroy. — Oui mais il avait appris sous son père le grand art de la guerre ; et moi, qu'ai-je vu ? que sais-je ? D'ailleurs, Condé défendait son roi ; et vous voulez que j'attaque celui qui est possesseur du trône, qui l'est par l'assentiment de tous les grands du royaume ! et qu'y gagnerais-je ? De voir couler le sang de mes amis, de compromettre ceux qui ont élevé mon enfance, et qui périront victime de leur dévouement pour moi ! Ah ! que me proposez-vous ? Obtenez de celle que je n'ose appeler ma mère, mais pour qui mon respect et mon amour dureront autant que ma vie, qu'elle m'unisse à Félicie, et que si ma présence en Europe peut être dangereuse au repos de la France, qu'elle nous laisse passer en Amérique, dans ces vastes contrées où des forêts immenses nous serviront de retraite. Je suis sûr que

M. et madame de Liancourt, et la tendre Cécile quitteront tout pour m'accompagner dans mon exil. Là, nous ne causerons nulle inquiétude à ceux qui gouvernent la France; nous y serons oubliés et heureux. Oh! madame, dit-il, en se jetant à ses genoux, et en serrant sa main dans la sienne, soyez mon interprète auprès de la reine; dites-lui que je ne veux être que le sujet le plus soumis de mon frère; mais qu'il soit mon roi, et non mon tyran. Je ne demande que de jouir des droits imprescriptibles de l'enfant de la nature: la liberté et les doux liens de famille. Je ne me souviendrai plus de ceux que des circonstances bizarres me rendent étrangers. Le nom de Louvigny sera le seul sous lequel je serai connu, il fut celui de braves chevaliers dont je ne ternirai point la gloire.

Madame de Chevreuse laissait parler Ferdinand, et ne cherchait point à l'interrompre. Son discours lui causait tant d'étonnement, qu'elle ne trouvait point d'expression pour lui répondre. Refuser une couronne, mettre son bonheur à vivre ignoré dans les forêts du Canada; se bornant aux seules jouissances que lui offriraient l'amour et la nature : tout cela paraissait si bizarre à madame de Chevreuse, qu'il lui fallut plusieurs minutes pour rassembler ses idées. Enfin elle lui dit, en le forçant de se relever : Est-il possible, monseigneur, que vous ayez si peu d'ambition, et que vous trompiez ainsi les espérances d'un parti qui est prêt à tout entreprendre pour vos intérêts.—Je ne leur ai rien promis, c'est sans mon consentement qu'ils se sont assemblés, ils peuvent se séparer sans danger. Si parmi eux il s'en trouve quelques-uns qui soient pauvres et qui aient besoin d'argent pour regagner leurs provinces, je vous prierais, madame, de leur faire remettre ce qui leur sera nécessaire, M. de Louvigny vous en tiendra compte. — Ce n'est point de l'argent qu'ils veulent, ce sont des places, des honneurs auxquels ils ne peuvent atteindre tant que le cardinal sera ministre, et il le sera tant que Louis règnera. — Ce ne sera jamais moi qui entreprendrai de le détrôner, et je bénis le ciel qui m'a préservé du malheur d'être roi. — Ah! je ne reconnais pas en vous cet amour de la gloire qui est le principal caractère de votre auguste maison. — Je l'eusse peut-être eu comme mes ancêtres, si le ciel n'avait pas permis que je fusse écarté du chemin des grandeurs. Le peu que j'ai aperçu de ces biens pour lesquels les humains se donnent tant de peine, soit pour les conquérir, soit pour les garder, ne m'a paru que des songes trompeurs. La première fois que je vis la reine, je n'éprouvais que les douces émotions de la nature; je désirai de passer ma vie près d'elle, parce qu'elle me témoigna une grande tendresse. L'éclat qui l'environne me touchait bien moins que son amour. J'éprouvai le même sentiment, quand elle me fit venir dans un de ses palais. Les dix jours que je passai à portée d'elle ont été les plus beaux de ma vie; non parce qu'elle était reine (je l'ignorais), mais parce que je la croyais ma mère, et qu'elle me donnait tous les témoignages d'une vive tendresse; mais excepté ces deux époques, quelle a été mon existence ? Elevé par M. de Louvigny, ne sachant pas même si l'union de mon père et de ma mère était légitime, je n'ai pu élever bien haut mes espérances ; quand on m'a dit que ma mère était d'un sang illustre, ce n'a été que pour me faire entrevoir les craintes de parens jaloux qui avaient de fortes raisons pour m'éloigner de la société. Ai-je pu oublier les traitemens indignes de l'agent du cardinal ? Ce fut, si jeune encore, que je pris en haine les puissances de la terre, qui faisaient un aussi affreux abus de leur pouvoir; depuis ils ont continué à me persécuter, et c'est pour fuir leur tyrannie que j'ai franchi les murs de leur prison. Ils m'en puniront peut-être, mais j'aime mieux souffrir innocent que coupable. Je n'irai point parmi les rebelles, c'est un parti irrévocablement pris ; et en vous rendant grâce, madame, de l'intérêt que vous me témoignez, je vous conjure de nouveau de l'employer à me rendre heureux suivant mes désirs : la paix du cœur et l'obscurité, voilà tout ce que je veux. — Vous ne connaissez pas ceux que vous craignez d'offenser ; ils vous feront chèrement payer votre modération : il faut opprimer ou l'être. Vous ne voulez pas reprendre vos droits, ils se serviront de ceux que vous leur laissez, pour vous rendre le plus malheureux des humains ; ils vous sépareront de Félicie, vous contraindront à prendre l'état ecclésiastique, et si vous résistez à leur volonté, une prison d'état leur répondra de vous, et vos plaintes s'exhaleront sous des voûtes insensibles. — J'y porterai un bien que nul ne pourra me faire perdre, le calme d'une conscience pure.

Madame de Chevreuse voyant qu'elle ne pouvait rien gagner sur Ferdinand, s'adressa à Charles.— Et vous, son ami, vous qu'il entraîne dans sa perte, n'aurez-vous donc aucun empire sur lui, et vous laisserez-vous, par ses imprudences, ravir les grandes espérances qui vous attendent, dans une carrière que vous embrassez par goût, et qui, s'il parvient au trône, sera pour vous si brillante! — Je suis loin, madame, de croire que mes amis puissent avoir aucun poids sur l'esprit de celui qui m'appela son ami, quand nous étions égaux. — Nous le sommes toujours, et Ferdinand de Louvigny n'est pas plus que Charles de Valeroi, et si je pouvais croire aux rêves de la grandeur, j'en rejetterais l'idée, si elle me privait du plus grand des biens, un ami fidèle, et auquel je tiens d'autant plus que je suis sûr qu'il a la même opinion que moi. — Je ne puis le nier, à la place de Ferdinand, je penserais et j'agirais comme lui. J'ai toujours plaint les rois, et je ne puis concevoir comment il existe des usurpateurs. — Mais il ne le serait pas. — Rien ne prouve mes droits. La naissance de mon frère est reconnue avec toutes les formalités qui sont exigées pour être habile à la couronne; moi je n'ai que votre témoignage et celui de quelques personnes qui n'étaient point autorisées à attester ma naissance. Je regarde donc comme impossible que je reprenne mon rang, et je ne le pourrais, comme je l'ai déjà dit, qu'en versant des torrens de sang, et en renonçant à toute tranquillité pendant ma vie ; car il est bien certain que mon frère s'opposerait, tant que je vivrais, à me laisser tranquille sur un trône auquel il est accoutumé depuis sa tendre enfance : laissons-lui les honneurs, la gloire, et gardons le bonheur.

Les deux amis se réunirent pour supplier madame de Chevreuse de retourner à Versailles, d'instruire seule la reine des demandes de Ferdinand, si elle y consent, nous trouverons les moyens de nous dérober aux recherches du cardinal, et une fois en Amérique, nous ne le craindrons plus.

Madame de Chevreuse ne put refuser aux vives instances de Ferdinand de porter aux pieds de la reine les vœux d'un fils tendre et soumis, qui ne lui demandait que la liberté de fuir les grandeurs. Il fut convenu qu'on ne prendrait le chemin de Lérac qu'après le coucher du soleil, pour ne s'y trouver que la nuit, et ainsi dérober aux domestiques, l'arrivée des deux amis au château, où ils resteraient cachés jusqu'au retour de la duchesse à Lérac. On remonta en voiture, et en fort peu d'heures on fut chez M. de Liancourt, où nous allons un moment laisser reposer nos voyageurs, pour savoir quel effet produisit leur disparition subite à Bordeaux.

CHAPITRE XIX.

Charles entrait dès six heures en classe; on fut étonné de ne le pas voir. Le supérieur crut qu'il était malade, il envoya un maître de quartier savoir ce qui l'empêchait de se rendre aux exercices. Il trouva les gens de Ferdinand dans la plus vive inquiétude; ils étaient entrés comme de coutume, et ils avaient trouvé l'appartement dans le plus grand désordre. Les fenêtres ouvertes, les draps attachés au chassis, et leur maître certainement descendu, par ce moyen, dans le jardin. Le séminariste alla promptement rendre compte au supérieur. Celui-ci fut saisi de surprise et de colère. Se voir jouer ainsi par deux jeunes barbes ! que dira M. le cardinal ? Il écrit aussitôt à l'intendant, au gouverneur, requiert la maréchaussée pour faire arrêter les fuyards : car il comprend Charles dans sa recherche, quoiqu'on n'ait aucun droit de le faire arrêter, puisqu'il était volontairement au séminaire.

Robert apprend, par son père, l'évasion de Ferdinand. Il hâte les mesures de rigueur pour se saisir de lui ; il est d'autant plus enclin à le persécuter, que la demande que son père a faite pour lui de la main de Félicie, a été rejetée avec politesse, mais de manière à ne laisser nul espoir. M. de Liancourt ayant dit formellement à l'intendant qu'il avait des engagemens irrévocables, avec un de ses parens, pour unir leurs enfans, il était clair que c'était Ferdinand dont il avait voulu parler : aussi Robert engagea son père à écrire au cardinal, et à dénoncer M. de Liancourt comme coupable de la fuite de Ferdinand, qui, sûrement, était caché à Lérac. M. le Bon inculpait le directeur des jésuites, et il se servait, pour appuyer cette assertion, d'une preuve à laquelle nos amis n'avaient pas pensé.

Quand on fit la recherche des moyens par lesquels les amis avaient franchi la clôture, l'échelle, prêtée par Marin, se trouva encore dressée contre le mur; sur cette échelle était écrit : *à Marin, maçon du collége.* Il n'y avait donc aucun doute que le directeur avait employé l'ascendant qu'il devait avoir sur Marin pour qu'il prêtât son échelle, et comme le pauvre et le faible sont toujours faciles à opprimer, la maréchaussée alla chez Marin, et d'après une ordonnance de police, elle s'empara de lui et le conduisit en prison, malgré tout ce qu'il pût dire de son innocence, les pleurs de sa femme et les cris de ses enfans. On le traîna en prison comme un vil scélérat. Les gens de Ferdinand furent consignés dans le séminaire pour rendre compte de ce qu'ils avaient pu savoir touchant son départ.

Le directeur fut profondément affligé lorsqu'il apprit ces tristes nouvelles; il avait écrit, comme nous l'avons dit, à M. de Liancourt. Craignant que sa lettre ne lui fût pas parvenue aussitôt, il prit la poste et se rendit à Lérac; il y arriva avant Ferdinand, et ce fut un sujet d'une plus grande inquiétude. Que seront ils devenus? où sont-ils allés? prendre un pareil parti sans en instruire ceux à qui ils sont si chers! et ils se livraient aux plus douloureuses conjectures. Félicie trouvait que Ferdinand avait bien fait de quitter le séminaire, mais ce devait être pour venir se réunir à ses amis; on plaignit le sort du pauvre Marin; on ne comprenait pas comment il avait pu être mêlé dans cette affaire.

M. de Liancourt envoya un courrier au supérieur pour lui dire qu'il partageait ses inquiétudes sur Ferdinand, qu'il ne savait pas ce qu'il était devenu : il donna aussi ordre de porter à la femme et aux enfans de Marin dix louis, pour qu'ils ne souffrissent pas pendant la détention de leur mari et père, et l'assurer que cette affaire n'aurait rien de fâcheux pour lui; il avait aussi voulu que l'on pût rassurer les domestiques du prince ; mais ils étaient gardés à vue comme des conspirateurs, et il n'était permis à personne de les voir. Le supérieur ne parut point persuadé par la lettre du comte ; il n'y fit qu'une réponse verbale : que l'on saurait bien retrouver ces rebelles aux volontés du roi, et qu'ils seraient punis ainsi que tous ceux qui avaient été complices de leur évasion.

Quand le courrier revint, on n'avait encore appris aucunes nouvelles des voyageurs. M. de Liancourt avait envoyé ses gardes chasse battre les environs ; il était persuadé que les jeunes gens s'étaient égarés en voulant prendre des routes de traverse ; il ne voulait pas surtout qu'ils retombassent dans les mains du supérieur du séminaire ; il savait tout ce qu'ils auraient à souffrir. D'ailleurs on défend beaucoup mieux sa cause en liberté que sous le verroux. Enfin il était plus de dix heures du soir, et on ignorait encore ce que Ferdinand et son compagnon étaient devenus. Félicie et sa mère se désespéraient. M. de Liancourt et le directeur ne savaient ce qu'ils devaient faire.

Comme toute la maison avait été extrêmement fatiguée à chercher le prince, M. de Liancourt dit à ses gens de se coucher, qu'il fallait qu'ils prissent quelque repos pour repartir à la pointe du jour, afin de trouver les deux amis. Madame de Liancourt se retira pour faire coucher sa fille.

Le comte et le jésuite restèrent dans le salon afin d'être à portée d'ouvrir à leurs jeunes amis s'ils arrivaient au milieu de la nuit. Ils firent faire grand feu, et préparèrent une collation, pensant qu'ils seraient excédés de fatigue et de faim : on avait fait leurs lits ; enfin la sollicitude paternelle ne pouvait aller plus loin. Onze heures, minuit sonnèrent, et personne n'arrivait. Enfin l'horloge fait entendre une heure. M. de Liancourt dit au jésuite : Il me semble que j'entends sur la chaussée le bruit d'une voiture. — C'est un charriot qui va mener du blé au marché. — Mais il me semble que j'entends des coups de fouet, le bruit approche, il y a aussi des hommes à cheval, on est dans l'avenue. Qui peut venir à cette heure-ci ? — Ce ne sont point ceux que nous attendons : ils n'ont sûrement pas un train si nombreux; car on distinguait, outre la voiture, le pas de beaucoup de chevaux ; si c'était la reine? — Cela serait possible. M. de Liancourt passe dans le vestibule, ouvre la porte qui donnait sur la cour. La lune se levait à cet instant, et à sa lumière, on aperçoit un carrosse, et dix ou douze hommes à cheval. Ah! c'est la reine, dit M. de Liancourt, il n'y a aucun doute. Il se hâta d'aller lui-même ouvrir la portière; madame de Chevreuse et les deux amis descendent. Qui peindra la joie du comte et du directeur en voyant leurs élèves! Je vous les ramène, dit la duchesse, mais êtes-vous seuls debout dans le château — Seuls. — Tant mieux, car il est nécessaire que l'on ne sache pas qu'ils sont ici. — Mais venez, madame la duchesse, vous reposer, et nous dire par quel miracle ses mauvais sujets se trouvent avec vous. — Par le plus grand hasard; et elle leur raconta comment ils s'étaient rencontrés.

M. de Liancourt ne se lassait pas du bonheur de revoir Ferdinand, qui lui avait donné de vives inquiétudes. Le directeur partageait sa joie. Ferdinand demandait où était madame de Liancourt, et il n'osait nommer Félicie, mais il était aisé de voir que c'était elle qu'il cherchait. — Respectons leur repos, dit madame de Chevreuse. — Il est vrai, reprit le comte, que la journée a été terrible, vous nous avez fait bien du mal. — J'en conviens, je vous en demande bien pardon. Mais aussi peut-on résister à tant de tyrannie.

On offrit à souper à la duchesse et à ses amis, ils n'avaient, ni les uns ni les autres, besoin de rien que de leurs lits, M. de Liancourt conduisit madame de Chevreuse dans un fort bel appartement, et cette dame ne voulant réveiller personne, dit qu'elle s'étendrait toute habillée sur le lit, sans qu'il fût besoin de le faire; nos amis, plus heureux, trouvèrent leur chambre toute prête; le reste de la suite s'établit dans une salle basse, où ils mirent des matelats à terre pour y passer la nuit. Il fut convenu que l'on ne traiterait d'affaire que le lendemain matin. M. de Liancourt rentra sans bruit dans son appartement, contigu à celui de sa femme, qui ne se réveilla pas. Le jésuite se rendit dans la chambre où étaient ses élèves, prit un de leurs lits, et ils partagèrent l'autre.

Tous se livrèrent bientôt au sommeil, et ce fut pour les domestiques du comte une grande surprise, lorsqu'à leur réveil, les uns virent dans les écuries, quinze à vingt chevaux qu'ils ne connaissaient pas ; les autres, de trouver la galerie d'en bas fermée, et d'apercevoir au travers les croisées un nombre d'hommes couchés, tout armés, sur des matelats. Qu'est-ce que ceci, dirent-ils? Comment tout ce monde-là est-il venu cette nuit? Le château a-t-il été surpris? Sommes-nous prisonniers de guerre?

On monte au grand appartement; il est fermé en dedans. L'on cherche à entrer dans l'appartement de Ferdinand : nouvelle résistance ; la clef en est ôtée. On frappe, personne ne répond. Enfin, ils arrivent chez M. de Liancourt, pour lui rendre compte de ce qu'ils ont vu. Il était déjà levé. Il sourit à leur pompeuse description, à laquelle ils mêlaient tant soit peu d'idées supersticieuses. Les voyageurs qui se sont emparés du château, sont, disaient-ils, des génies, de véritables farfadets ; ne vous fiez pas à eux. Le comte, qui riait de la simplicité de ses gens, leur dit que ces esprits étaient *les meilleures gens du monde*, commanda un excellent déjeuner, et se décida enfin à entrer chez sa femme, à qui on apprit d'abord que Ferdinand et Charles avaient couché au château, et que c'était madame de Chevreuse qui les avaient ramenés. — Où est-elle, s'écrièrent la mère et la fille, que nous lui témoignions toute notre reconnaissance ? — Elle est dans le grand appartement. Les dames y coururent. Elles lui firent bien des excuses de la mauvaise nuit qu'elle avait dû passer. Elle assura au contraire qu'elle avait très-bien dormi, et elle leur raconta tout ce qu'elle voulait faire pour le bonheur de Ferdinand.

CHAPITRE XX.

Ce fut dans cette conversation, que madame de Chevreuse apprit à Félicie que son amant avait des droits au trône de France; et ce fut pour cette jeune personne une douleur profonde, qu'elle ne put dissimuler. Quoi! lui dit la duchesse; quand j'ai cru vous combler de joie en vous apprenant cet important secret, pourquoi faut-il que ce soit pour vous un sujet de douleur? Hé! seriez-vous donc malheureuse de ce qui fait l'envie de tous les mortels? — C'est précisément, madame, ce qui m'afflige;

en pensant que Ferdinand sera sans cesse en butte aux traits de l'envie dont vous parlez, qui ne sera occupée qu'à lui enlever ce bien si vanté, qui certainement ne vaut pas une modeste existence embellie par ce que le sentiment a de plus délicieux. — Ainsi vous êtes comme Ferdinand, vous haïssez la grandeur. — Ah! est-il vrai, madame, qu'il rejette ces dangereux honneurs? — Du moins, il le dit; et j'ai cru que vous m'aideriez à le tirer de cette apathie qui est si extraordinaire à son âge; mais au contraire, je vous vois encore plus opposée que lui à mes plans. — Que je suis heureuse, madame, de voir Ferdinand préférer les biens de la nature à ceux de l'ambition! je me joins à lui pour vous supplier d'obtenir de la reine de nous unir. — Oui, mais vous ne pourrez rester en France.

— Ma patrie sera celle où je pourrai vivre pour Ferdinand, près des auteurs de mes jours qui, bien sûrement, ne nous laisseront pas traverser seuls les mers qui nous séparent du nouveau continent. Ma mère, vous viendrez avec vos enfans ? — Si ton père y consent, ce sera mon plus grand bonheur. — Je vous admire, il semble que vous avez perdu le sens; ah! j'espère que le comte sera plus raisonnable que vous. Ces dames, malgré qu'elles n'approuvassent pas les projets de la duchesse, ne lui marquèrent pas moins d'égards, et s'empressèrent, pour savoir si elle n'avait besoin de rien pour sa toilette, et lui demandèrent si elle voulait qu'on lui envoyât une femme de chambre, ce qu'elle accepta ; elles la quittèrent pour lui faire passer ce qui pouvait lui être agréable.

Elles entrèrent dans la chambre du comte, qu'elles trouvèrent dans les mêmes sentimens qu'elles ; et ils convinrent de déclarer formellement à la duchesse, après en avoir conféré avec Ferdinand, qu'ils renonceraient tous à tout avantage personnel, tenant à la déclaration de la naissance de Ferdinand, pour obtenir de l'avoir pour fils en l'unissant à leur fille. Parfaitement d'accord, ils attendirent avec tranquillité le réveil de Ferdinand et du directeur; celui-ci sorti de l'appartement où il laissa ses élèves qui dormaient encore. Comme on croyait prudent qu'ils ne se montrassent pas dans le château, M. de Liancourt se chargea de leur porter à déjeuner; il semblait que la destinée de Ferdinand fût d'être prisonnier ; il avait escaladé les murs du séminaire pour recouvrer sa liberté, et il était obligé de se tenir renfermé chez ses amis pour ne pas les exposer en s'exposant lui-même.

La duchesse parut sous les habits de son sexe, car elle avait ses malles avec elle. On passa chez Ferdinand, et on arrêta définitivement qu'on ne demanderait rien à la reine, que de permettre l'union des deux jeunes gens, les moyens de partir pour l'Amérique septentrionale, et celui d'y subsister dans une douce aisance : c'était là ce que le jésuite avait proposé dès le premier moment à la reine ; il n'y voyait aucun inconvénient, mais le cardinal s'y opposait. La seule manière de réussir dans ce projet, c'était de le lui cacher, bien persuadé qu'une fois au Canada il le laisserait tranquille. Le jésuite se chargeait de faire vendre les biens de la famille de Liancourt, et selon toute apparence, ceux de la famille de Louvigny, et leur promit de leur en faire passer la valeur par les missionnaires du Canada. Madame de Chevreuse renonçait avec peine à ses plans; mais elle y trouvait une telle opposition de la part de ceux qui auraient dû, selon elle, en désirer le plus le succès, qu'elle se décida enfin; et pour ne pas donner le le temps au cardinal de faire enlever encore une fois Ferdinand, elle partit aussitôt pour Blois, où la cour était alors; elle emmena avec elle M. de Saint-Armand, dont elle avait besoin pour déterminer la reine. Par un très-grand bonheur, le cardinal était en Provence, d'où il négociait avec la cour d'Espagne le mariage du roi et de Marie-Thérèse, fille du roi Philippe IV, tandis qu'il flattait du même honneur la fille du duc de Savoie ; de sorte que la lettre du supérieur ne l'avait pas trouvé à Saint-Germain où elle avait été le chercher, et de la renvoyer à Aix, ce qui donnait beaucoup de temps. La duchesse en profita ; dès le soir de son arrivée, elle demanda à la reine une audience particulière pour elle et le père Saint-Armand. Ces deux noms là réunis ne firent rien augurer de bon à la reine ; cependant elle ne voulait pas refuser le jésuite, ami de son confesseur ; elle ne voulait pas non plus porter encore madame de Chevreuse à de nouvelles folies. L'audience fut donc accordée.

Madame de Chevreuse commença par demander à la reine ce qu'était devenu l'acte qui constatait l'état de Ferdinand. — Il y a long-temps qu'il n'existe plus, le cardinal en ayant eu connaissance, avait exigé qu'il fût anéanti. — Eh bien, Madame, puisqu'il n'est plus que Ferdinand de Louvigny, laissez-le jouir des biens dont le moindre de vos sujets n'est pas privé. Alors le père Saint-Armand fit un tableau si touchant de la reconnaissance dont son élève serait pénétré, s'il obtenait Félicie, qu'il émut S. M., et qu'elle consentit à tout ce qu'on demandait : mais à condition que ce serait dans le plus grand secret, car elle ne répondait de rien si le cardinal venait à le savoir.

Elle promit aussi cinquante mille francs de rente sur les fermes et pour deux cent mille livres de rescriptions qui alors se vendaient au pair : Allez promptement à Lérac, pour que tout soit terminé avant le retour de Son Eminence. Elle envoya à Félicie, de superbes pendans d'oreilles de diamans et un collier de perles fines ;

s'attendrit en pensant qu'elle ne reverrait jamais un fils que ses malheurs lui rendaient encore plus cher. Elle chargea seulement la duchesse de le lui dire ; madame de Chevreuse le promit, et prit congé de Sa Majesté, et dès le même jour elle regagna avec le bon père, la route de Lérac ; trouvant toujours que Ferdinand et ses amis faisaient une grande folie.

CHAPITRE XXI.

Tandis que la duchesse obtenait de la reine ce qui devait selon toute apparence assurer le bonheur de Ferdinand, l'abbé le Bon et l'intendant employaient tous les moyens de la plus noire méchanceté pour retrouver Ferdinand ; mais ce qui les désolait, c'était de n'être pas soutenus par le cardinal, qui ne leur répondait point. Le courrier qui avait été chargé de porter à Aix, la relation de la fuite de Ferdinand, avait été arrêté en route par des brigands, et ses papiers déchirés et dispersés sur la route. Mais l'intendant suivit une autre marche, il fit faire une déposition par un homme à lui contre Ferdinand et Charles, par laquelle il les accusait d'avoir enlevé la caisse du séminaire et s'être échapés par dessus les murs; leur signalement est donné et ordre de faire les perquisitions les plus exactes dans tout le voisinage, et comme ils ne doutaient pas qu'ils ne fussent à Lérac, ce fut donc par là que la maréchaussée commença ses recherches. Ils arrivèrent au château, au moment où la duchesse et le directeur du collége venaient de partir en poste ; les hommes de sa suite étaient encore à Lérac.

La brigade entre, et le maréchal-des-logis qui la commandait, demande à parler à M. de Liancourt Celui-ci donne aussitôt ordre de faire descendre les jeunes gens dans unpetit caveau sous la chapelle, et de placer devant la porte une pile de bois. Il ordonne aussi aux gens de madame de Chevreuse, de se tenir armés et prêts à monter à cheval, pour faire tête à la maréchaussée si cela était nécessaire. Tout cela devait s'exécuter pendant que M. de Liancourt retiendrait cette troupe dans la grande cour. Le comte descend ensuite et demande ce qu'on lui veut. — Que vous permettiez, monsieur le comte, que l'on fasse une perquisition exacte dans votre château, pour savoir si, sans votre consentement, des malfaiteurs dont nous avons les signalemens ne s'y sont pas cachés sans que vous en ayez été instruit. — Je vous prie de me faire voir l'ordre qui vous autorise à cette recherche. Il le lui montra : il était revêtu de toutes les formes, et il était impossible de s'y opposer. Cependant il chercha à prolonger le plus qu'il lui fût possible, afin que ses amis fussent en sûreté. Quand il crut qu'il n'y avait plus rien à craindre, il laissa entrer. Ils firent une grande recherche; ils ne les trouvèrent point, il n'y avait aucun indice qu'ils fussent venus à Lérac. On allait se retirer, quand un des gens de M. de Liancourt, qui était depuis deux mois à son service, et que Robert avait trouvé le moyen d'y placer pour qu'il lui rendît compte de tout ce qui se faisait au château, prend le commandant de la maréchaussée à part, et lui indique le lieu où étaient cachés Ferdinand et son ami. On ne s'était point défié de ce scélérat, et il abusa ainsi de la confiance de ses camarades. On pense bien qu'après avoir trahi son maître, il sortit du château et on ne le revit plus.

Le maréchal-des-logis revint joindre ses cavaliers, et donna ordre qu'on descendît une seconde fois dans les caves. M. de Liancourt voyant qu'il était découvert, fit le signal convenu, et la troupe de madame de Chevreuse, se présenta et s'opposa à l'entrée de la maréchaussée dans la cour, alors s'établit un combat très-opiniâtre entre la maréchaussée et les cavaliers de madame de Chevreuse. Il eût été fatal aux suppôts de la justice, si le coquin qui avait appris le lieu où on avait dérobé le prince à toutes recherches, n'avait été avertir un piquet de cavalerie, que le gouverneur avait mis à la disposition du commandant de la maréchaussée, pour la soutenir en cas de résistance, et au moment où ceux-ci ployaient ayant plusieurs des leurs dangereusement blessés, on vit venir au grand trot une troupe d'une cinquantaine de cavaliers parfaitement montés et armés. La victoire ne fut pas douteuse : les gens de madame de Chevreuse furent bientôt cernés et faits prisonniers. Les domestiques mis en fuite et le comte lui-même arrêté. On descendit alors sans perdre un instant dans les caves, la porte du caveau fut bientôt démasquée, enfoncée, et nos jeunes séminaristes eurent beau vouloir se défendre, ils furent accablés par le nombre, tirés du caveau et chargés de chaînes comme des malfaiteurs ; tout ce que la rage et le désespoir peut inspirer, Ferdinand le dit à l'officier qui commandait le détachement ; celui-ci croyant réellement arrêter des voleurs, ne concevait pas leur audace. Enfin M. de Liancourt lui demanda de s'expliquer, assura que c'était la plus noire calomnie dont on avait rendu un brave militaire l'innocent agent. Il lui découvrit la cause qui lui avait fait prendre le parti de cacher ses jeunes amis, et le pria de permettre qu'il les accompagnât à Bordeaux, et qu'on fît atteler des chevaux à sa voiture, pour s'y rendre avec les prisonniers.

L'officier de cavalerie fort étonné de tout ce qu'il entendait ne put refuser ce que M. de Liancourt lui demandait : mais il déclara qu'il ne pouvait ôter les fers de Ferdinand et de son compagnon, et qu'il serait dans la voiture avec eux. On garotta les soldats Chevreuse, et on les attacha à la queue des chevaux de la maréchaussée. Ceux qui avaient été blessés dans les deux partis furent laissés au château avec une garde de quinze hommes. Ce triste cortége prit la route de Bordeaux, et laissa madame de Liancourt et sa fille dans une situation plus aisée à imaginer qu'à exprimer.

CHAPITRE XXII.

Comme rien ne se propage comme une calomnie, tout Bordeaux sut bientôt que la caisse du séminaire avait été volée par deux séminaristes, mais personne ne pensa que l'un d'eux était le prieur de Saint-Martin, dont la fortune, la noblesse des manières, et l'extrême générosité étaient parfaitement connues. Aussi lorsqu'on vit arriver cette voiture que l'on connaissait pour celle de M. de Liancourt, ces malheureux attachés aux chevaux, et que l'on aperçut Ferdinand, dont la beauté était si remarquable, le peuple, juste quand on ne l'égare pas, se porta en foule à la prison et cria : Ce n'est point M. l'abbé Ferdinand ni son ami qui ont emporté la caisse du séminaire c'est un mensonge; que lui et son confrère ont bien pu passer par-dessus les murs pour aller voir leur maîtresse, mais que pour avoir pris de l'argent, c'est faux; que ce sont de trop braves seigneurs, et qu'ils ne souffriront pas qu'on les mette en prison. — Vous l'entendez, dit M. de Liancourt à l'officier, ceci peut devenir plus sérieux que vous ne le pensez. M. l'abbé de Louvigny est très-aimé, il fait beaucoup de bien, et ils ne le laisseront pas conduire en prison. Ne serait-il donc pas possible de les mener au collége; qu'ils y restent avec une sentinelle à leur porte, jusqu'à ce qu'ils soient justifiés, ce qui ne sera pas long, si vous approuvez ce que je vous propose ; je vais parler au peuple, et tout s'apaisera. Non, disait Ferdinand, mon respectable ami, ne vous compromettez point ; ils vous mêleront dans cette horrible affaire ; laissez-moi subir mon sort, la vérité les confondra.

Le rassemblement grossissait de moment en moment. Le peuple s'était déjà emparé des cavaliers de Chevreuse et les avait remis en liberté ; ceux-ci avaient profité du tumulte et s'étaient sauvés. L'officier qui commandait était très-embarrassé. Le maréchal-des-logis de la maréchaussée ne savait quel parti prendre ; on avait déjà voulu le jeter en bas de son cheval. Le peuple commençait à ramasser des pierres ; d'autres sortaient de leurs maisons avec les armes qu'ils trouvaient sous leurs mains. Il y avait très-peu de troupes dans la ville; on était loin de la caserne, les plus mutins avaient arrêté les chevaux de la voiture, et menaçaient d'enlever les prisonniers. Alors M. de Liancourt parla à la multitude, leur dit que tout ce qu'on débitait sur Ferdinand et Charles était faux, qu'ils seraient pleinement justifiés; mais qu'il ne fallait pas par un zèle inconsidéré, gâter une bonne cause; que l'officier qui commandait le détachement consentait à ne point les conduire en prison, mais au collége où ils resteraient, jusqu'à ce que tout fût éclairci.

Ce qui composait l'attroupement cria oui, oui, au collége! au collége! et ils tournèrent eux-mêmes les chevaux et conduisirent la voiture à la porte de la maison des jésuites. M. de Liancourt observa qu'il croyait prudent d'ôter les fers qu'on avait mis aux mains et au cou de nos héros. — Contentez-vous, dit M. de Liancourt de leurs paroles, ils n'y manqueront point. Ils la donnèrent et l'officier fit enlever les fers.

Arrivé à la porte du collége, M. de Liancourt harangua encore le peuple, afin de les engager à rentrer paisiblement dans leurs foyers ; à s'en rapporter à l'attachement qu'il avait pour Ferdinand, et être bien certain qu'il emploierait tout ce qui dépendrait de lui pour qu'il fût bientôt en liberté.

Charles et Ferdinand furent reçus en triomphe au collége, ils y étaient aimés. Le jésuite qui remplaçait M. de Saint-Armand pendant son absence, s'informa avec le plus grand intérêt de tout ce qui donnait lieu à ce scandale ; le comte l'en instruisit ; il leva les épaules, et dit qu'il fallait être aussi méchant que stupide, pour avoir inventé une pareille calomnie. Elle n'a pu s'accréditer, dit Ferdinand, et le témoignage de mes amis m'en répond, mais je suis profondément indigné. L'officier remit ses prisonniers dans les mains du jésuite, laissa quatre hommes de garde, et alla avec M. de Liancourt chez l'intendant : celui-ci instruit de la fermentation qui était dans tous les esprits, se repentait bien d'avoir suivi les conseils de son fils. Il rejeta tout ce qui s'était passé sur le compte de l'abbé le Bon ; M. de Liancourt exigea qu'il fût appelé. Le supérieur, qui avait aussi grand peur, car la multitude ne menaçait de rien moins que de mettre le feu au séminaire, vint pâle et tramblant. M. de Liancourt lui demanda ou il avait pu imaginer que Ferdinand avait enlevé la caisse du séminaire. Il nia être l'auteur de cette calomnie, qu'il n'avait rien dit de semblable ; qu'il avait seulement demandé que l'on lui rendît des jeunes gens que la cour lui avait confiés. — et qui, je vous jure, monsieur, ne rentreront point chez vous ; si M. le cardinal veut, je ne sais pourquoi, que M. de Louvigny soit prêtre, il voudra bien choisir un autre séminaire. L'intendant avait l'air fort embarrassé, enfin il fut décidé que l'on écrirait au cardinal ; et que l'on attendrait de nouveux ordres. Mais, ajouta M. de Liancourt, pour démentir un fait aussi calomnieux, M. le supérieur va signer la déclaration qu'il vient de faire, que la caisse n'a point été enlevée, et qu'il tient MM. de Louvigny et de Valroi, pour braves et loyaux chevaliers. Le supérieur signa tout ce qu'on voulut. On fit imprimer et afficher cette déclaration dans toute la ville; le comte laissa l'intendant et le supérieur bien honteux d'une pareille scène, et alla retrouver ses amis au collége.

Ferdinand était désespéré, il voulait se battre. — Avec qui? disait le comte : cette dénonciation est d'un de ces malheureux connus sous le nom de rats du palais, qui gagnent vingt sols par jour, à copier des procédures du matin au soir. L'intendant ou Robert, lui auront donné quatre à cinq louis, et cette somme énorme pour un homme de cette espèce, lui aurait fait dénoncer le prince de Condé si on avait voulu. Ceux qui l'on mis en avant se cachent. J'espère que loin de vous nuire, cela vous servira, et comme je l'ai dit au supérieur, vous ne rentrerez pas dans le séminaire. — Oh ! jamais.

M. de Liancourt, décidé à rester au collége jusqu'à ce qu'il eût des nouvelles de la cour, envoya à Lérac, pour en donner de Ferdinand à sa femme et à sa fille. Le courrier revint et dit que ces dames étaient parties pour Blois, ce qui causa une grande joie aux prisonniers et à leurs amis ; ne doutant point que la reine ne fût indignée de la conduite de l'abbé le Bon. Tous les professeurs et les écoliers s'empressèrent à faire oublier aux amis leurs chagrins. Il y eut congé en leur honneur, et un très-beau repas, où on les combla de marques d'estime et d'amitié. Ferdinand y fut très-sensible. Son âme aimante se livrait avec transport aux charmes de l'amitié ; jamais il n'y eut un être plus fait par la douceur de son caractère et la vivacité de son esprit, pour la société dont il faisait les délices, et il n'y brilla qu'un instant.

M. de Liancourt occupa le même appartement que Ferdinand et Charles, et malgré les inquiétudes qu'ils pouvaient avoir encore, ils dormirent tous trois bien profondément, tant la journée de la veille avait été pénible pour eux : celle du lendemain au contraire fut très-paisible. A leur réveil ils s'étaient occupés des gens de Ferdinand qui étaient restés au séminaire, et du pauvre Marin. M. de Liancourt en écrivit à l'intendant, qui fit mettre le maçon en liberté; quant aux domestiques, le supérieur ne se le fit pas demander. Il leur ouvrit la porte lui même. Le premier soin de Perin et de son camarade, fut de venir rejoindre leur cher maître, dont ils avaient été bien inquiets. Perin avait été de tout temps attaché au service de Ferdinand, et il l'aimait à l'adoration ; nous en verrons la preuve plus tard.

Nos amis commençaient à s'allarmer sur le sort de madame de Liancourt et de Félicie. Elles n'avaient pas répondu à la lettre que le comte leur avait écrit, ni renvoyé son courrier. Enfin le second jour, à dix heures du matin, madame de Chevreuse, madame et mademoiselle de Liancourt et le directeur arrivèrent au collége ; ils furent reçus avec les transports de la joie la plus pure, qui fut encore augmentée par les bonnes nouvelles qu'elles apportaient, et dont la duchesse leur fit part en ces termes.

CHAPITRE XXIII.

Je revenais à Lérac ayant obtenu de la reine, ce que je demandais. — Quoi! serait-il vrai, dit Ferdinand en se jetant aux genoux de madame de Chevreuse. — Oui très-vrai, mais asseyez-vous, monseigneur, et écoutez. Ferdinand, qui ne pouvait contenir sa joie, prit madame de Liancourt dans ses bras, et la serrait contre sa poitrine, la couvrait de baisers et disait : oh! ma mère, ma tendre mère, je serai l'heureux époux de Félicie, je ne puis suffire à mon bonheur! Qu'ils gardent leur triste grandeur, moi je serai mille fois plus heureux que mon frère. — Enfin, dit la duchesse, il ne veut rien entendre. — Qu'ai-je besoin de savoir autre chose, si ce n'est qu'elle sera à moi ; mais pour vous plaire, madame, je me tais, et se plaçant entre Félicie et sa mère, tenant les mains de l'une et de l'autre dans les siennes il se décida à écouter. Et madame de Chevreuse reprit :

Je n'étais encore qu'à huit lieues de Blois, lorsque je vois un courrier qui crie à mon postillon: arrête. Je pense aussitôt que c'est le cardinal qui a donné des ordres pour m'exiler encore, et j'éprouvai un grand saisissement, me souvenant que j'avais sur moi la permission de la reine pour marier ces enfans, et les présens qu'elle envoyait à sa bru ; mais je fus bientôt rassurée ; quand j'aperçus la voiture de madame de Liancourt. Les portières s'ouvrirent de même temps. Madame et mademoiselle de Liancourt se trouvèrent dans mon carrosse comme par enchantement ; elles m'expliquèrent avec la plus grande rapidité le sujet de leur voyage, et nous décidâmes à l'instant qu'il fallait que je retournasse à Blois. Madame de Liancourt donna quelques ordres à ses gens et leur dit de retourner à Lérac; et nous continuâmes notre route avec mes chevaux et mes domestiques jusqu'à Blois ; nous déplorâmes votre sort, et Félicie n'y était pas la moins sensible. Arrivées au château, je fis prévenir la reine que j'étais revenue sur mes pas parce que j'avais quelque chose de la plus grande importance à lui communiquer. S. M., inquiète, me fit dire qu'il lui était impossible de me parler en ce moment, parce qu'il fallait qu'elle répondît à M. le cardinal, dont le courrier attendait les dépêches ; mais que je pouvais dire au père Damery ce qui me ramenait si promptement; alors j'envoyai prier le confesseur de la reine de vouloir bien passer chez moi. Il fut fort aise de faire connaissance avec madame et mademoiselle de Liancourt; et il ne fut point surpris de ce que je lui racontai ; il connaissait toute la noirceur de l'abbé le Bon, et sa haine contre la compagnie de Jésus. Il assura néanmoins que toute cette intrigue tournerait contre le supérieur : que c'était un excellent moyen de faire lever la lettre de cachet, et dit qu'il s'en chargeait.

Nous restâmes le reste du jour dans mon appartement sans revoir le jésuite, sans avoir des nouvelles de la reine. Félicie était au désespoir, et je ne laissais pas d'être inquiète. Nous nous étions parées dans l'espérance que S. M. nous ferait demander. Mais après le souper, voyant que nous ne recevions point d'ordres, nous nous décidâmes à nous mettre au lit, et nous allions nous déshabiller. Le directeur se retirait pour se rendre chez le père Damery, lorsque Blouin, ce garçon de la chambre qui a la confiance de la reine, vint me dire que Sa Majesté m'attendait ainsi que mesdames de Liancourt et le directeur. Félicie se sentit très-intimidée quand je lui dis qu'elle allait voir la reine. Sa mère la para des dons de S. M., qui je le dirais si elle n'était pas là, n'ajoutèrent rien à sa beauté. Félicie rougit, et Ferdinand parut enchanté en entendant sortir cet éloge de la bouche de madame de Chevreuse ; et il l'en remercia par un regard enchanteur. La duchesse, continua Blouin, nous fit passer par le corridor noir, et nous amena dans l'oratoire où la reine ne tarda pas à nous joindre; dès qu'elle entra, Félicie se jeta à ses pieds; la reine la releva aussitôt, et me dit : C'est là Félicie ? — Oui, madame. — Elle est belle à ravir; elle la baissa au front. Je sais tout ce qui est arrivé; il ne faut pas perdre de temps, j'ai chargé le père Damery de faire lever la lettre de cachet; vous allez retourner à Bordeaux. M. de Saint-Armand mariera Ferdinand et Félicie; il leur remettra les 200,000 francs promis, et vous vous embarquerez sur le premier vaisseau faisant voile pour Québec. Une fois sortis de France, je serai tranquille. Ma chère Félicie, dit Sa Majesté en s'adressant à l'amie de son fils, je vous confie le bonheur de celui qui m'est cher ; je suis sûre, en vous ayant vue, qu'il sera heureux ; je suis touchée du trouble que cet événement vous a causé ; mais comme il n'aura aucune suite fâcheuse, je suis bien aise qu'il m'ait mis à même de connaître la compagne de mon fils, dit-elle si bas qu'on pût à peine l'entendre. Et, détachant de son bras un superbe bracelet, elle le mit à celui de Félicie. Elle lui remit aussi une boîte émaillée, enrichie de très-gros diamans qui entouraient son portrait, et elle dit à mademoiselle de Liancourt de vous le remettre. A cet instant, Félicie le présenta à Ferdinand, qui le reçut avec respect, contempla ce portrait ; des larmes roulèrent dans ses yeux, et il dit : — Ah ! pourquoi ne puis je l'appeler ma mère, jamais fils n'eût été plus tendre. — Madame de Chevreuse, reprit la reine, dit à madame de Liancourt et au révérend père les choses les plus affectueuses ; enfin, elle paraît fort contente de cet arrangement, qui lui évite tout embarras, et met à ce qu'elle croit sa conscience en repos. Voilà, mon cher Ferdinand, ce que vous avez voulu. On peut vous dire, comme à Charles VII : Que l'on ne peut perdre une couronne plus gracieusement. — Et que m'importe, le cœur de Félicie est le seul sur lequel je veux régner ; mais quand, mon cher et respectable maître, bénirez-vous notre union ? — Ce ne peut être qu'après demain, parce qu'il faut que j'aie les dispenses : le père Damery m'a donné une lettre pour l'archevêque. — Tout ce qui m'afflige, reprit Ferdinand, c'est de n'avoir pas pour témoin de mon bonheur M. et madame de Louvigny, et de partir sans savoir quels seront leurs projets. — Il n'y a aucun doute qu'ils n'en feront d'autres que de nous joindre, reprit M. de Liancourt. Il faut leur écrire que nous relâcherons aux Açores, et que là nous les attendrons. Ainsi, tous les intérêts seront ménagés; nous quitterons la France, et nos amis auront les moyens de se réunir à nous. Je laisserai ma procuration au révérend père, comme nous en étions convenus; Louvigny en fera autant, ainsi il nous rejoindra très-promptement. La première chose à faire est la notification de la levée de la lettre de cachet, afin que Ferdinand soit libre. Cela ne fut pas long, et l'intendant n'apprit pas sans une mortelle douleur, que Ferdinand échappait à ses embûches: Aussitôt que les formalités furent remplies, on partit pour Lérac, où

Ferdinand fut reçu comme il l'était partout. Rien n'était comparable à l'ascendant qu'il avait sur tout ce qui l'approchait.

M. de Liancourt éprouvait une sorte de regret de quitter pour toujours Lérac ; il tenait cette terre de ses ancêtres, et s'en défaire l'affligeait. Le directeur lui offrit de la louer afin qu'il pût la retrouver si des circonstances heureuses les ramenaient dans leur patrie, et il en convint. Madame de Chevreuse avait une arrière-pensée et elle se gardait bien de la communiquer ; dès qu'on allait à Québec, on en pouvait revenir : et si Ferdinand, emporté dans ce moment par une passion violente, sacrifiait à l'amour l'ambition, il pourrait bien arriver dans quelque temps, que l'ambition lui fît abandonner l'amour. Ainsi elle approuva fort que

M. de Liancourt conservât ses terres que leur position maritime rendait très-intéressante pour une réunion de parti ; car la bonne duchesse ne rêvait jamais que conspiration, mais elle ne laissa pas pénétrer son secret.

La journée finit trop tôt au gré de nos amans. Le soir M. de Saint-Armand les fiança avec l'agrément du curé, et il amena son élève coucher au presbytère (1). Dès les premiers rayons du jour, ils revinrent au château. Félicie parée de la main de sa mère et de celle de madame de Chevreuse, parut si belle à tout ce qui la vit, que l'on ne s'étonnait plus qu'on préférât sa possession à celle d'une couronne.

―――――――――――――――――

(1) On ne pouvait alors coucher sous le même toit que sa fiancée.

Charles qui ne quittait pas l'état ecclésiastique, servit à l'autel le ministre qui reçut le serment des époux et il fit dans son cœur celui de ne jamais quitter Ferdinand. En sortant de la chapelle, on passa dans la galerie où un déjeuner attendait les mariés et leurs amis qui étaient peu nombreux ; car on n'avait voulu donner que le moins possible de publicité à leur mariage. — Que faire d'une journée où on ne jouira de la félicité suprême, que lorsqu'elle sera finie ? On l'employa à visiter toutes les cabanes qui environnaient le château, à s'informer de ce que pouvaient désirer ces pauvres gens et à les mettre pour plusieurs années à l'abri de tout besoin et ainsi attirer sur ce couple les bénédictions du ciel, et cependant.... Mais gardons-nous de murmurer contre la providence :

qu'est-ce que les biens passagers du temps en comparaison de ceux que Dieu destine au juste, en récompense de ce qu'il a souffert ?

Au moins Ferdinand connut le suprême bonheur, quand il reçut des mains de M. de Liancourt son adorable fille. Bonheur dont le souvenir ne s'effaça jamais de la mémoire de ce prince, et souleva quelquefois le poids immense de ses calamités.

Il n'y avait eu d'instruit de ce mariage que les gens du château. Aucune fête ne l'avait signalé, et comme nous l'avons dit, la bienfaisance seule avait été appelée pour célébrer cette journée mémorable. Le lendemain, M. de Liancourt annonça à ses domestiques, qu'il allait faire un grand voyage, et demanda à chacun s'il voulait le suivre ou rester. Presque tous ne voulurent point se séparer de si bons maîtres; il n'y eut que ceux de la ferme qui étaient tous mariés et avaient beaucoup d'enfans. Il fit à ceux-là une pension et leur donna quelques arpens de terre à bail emphythéotique (1), ce qui était pour eux comme une propriété : ces différens arrangemens pris, la quantité de malles qu'il fallait faire, pour emporter ce que surtout à cette époque, ils n'auraient pu trouver à Québec employèrent plusieurs jours. Cependant pour ne point perdre de temps, M. de Saint-Armand avait envoyé quelqu'un dont il était parfaitement sûr à Bordeaux, afin de traiter du passage aux Açores, pour une famille, leurs domestiques et leurs effets.

On trouva un vaisseau suédois qui fut assez facile en arrangemens. Il

---

(1) Bail de 99 ans.

devait mettre à la voile sous deux jours. Ce temps était mis à profit par nos tendres amans. On ne les voyait qu'à l'heure du repas. Tout le reste du jour ils n'existaient que pour eux. Ils épuisèrent, si on peut se servir de cette expression, la coupe de la volupté, dans les jours fortunés qui suivirent leur hymen. Il ne manquait à la félicité de Ferdinand que de voir M. et madame de Louvigny, avant de quitter la France, et d'être certain qu'ils passeraient en Amérique. Le ciel voulut encore lui donner cette satisfaction, comme nous le verrons dans le chapitre suivant.

CHAPITRE XXIV.

On se rappelle que M. de Liancourt avait écrit à son beau-frère toutes les inquiétudes que le départ de Ferdinand lui causait. Celui-ci en ayant fait part à son frère et à sa femme, ils partirent sur-le-champ tous trois pour Bordeaux ; et, comme ils s'étaient mis en route aussitôt que la première lettre était arrivée, ils ne reçurent aucunes de celles que l'on leur avait écrites depuis, et ils arrivèrent à Lérac au moment où on n'attendait plus que les vents favorables pour quitter la France.

Quelle joie Ferdinand eut à revoir ses amis ! Ceux-ci ne pouvaient concevoir par quel bonheur il avait quitté le petit collet et se trouvait l'heureux époux de Félicie; Cécile surtout aurait été au comble de la satisfaction, si ce prompt départ ne l'eût troublée. Elle trouva sa nièce embellie par le bonheur. On leur fit part des plans déjà formés. M. de Louvigny dit qu'il serait prêt à partir au plus tard dans deux mois. Le chevalier assura que, dans ce même temps il retournerait à la Martinique, qu'il lui sera facile de les débarquer aux Açores, que de là ils se rendraient à Québec ; que lui resterait encore au service quatre à cinq ans ; qu'alors, il demanderait sa retraite, et irait les rejoindre dans le Canada. Ainsi les amis de Ferdinand mettaient tout leur bonheur dans sa destinée; sans ambition les liens de famille leur paraissaient devoir être préférés aux grandeurs. Pourquoi les intrigans et les envieux détruisirent-ils une félicité si pure!

Malgré le plaisir que goûtait la famille de Louvigny à voir leur enfant adoptif aussi heureux, ils désiraient qu'il partît. Ils craignaient le retour du cardinal à Blois, et qu'il ne fît changer les dispositions de la reine. Il leur semblait qu'une fois en mer leurs ennemis ne pourraient plus nuire à cet aimable couple, qui paraissait si heureux qu'il semblait défier la fortune. Enfin, au bout de trois jours, on vint les avertir que tout faisait croire que l'on pourrait mettre à la voile dans la nuit.

Ce qui étonnait les parens de Ferdinand, c'était de ne trouver aucune opposition à leurs projets; et ils ne doutaient pas que l'absence du cardinal et la multiplicité d'affaires que lui donnaient les négociations pour le mariage du roi, ne l'empêchassent de s'occuper de Ferdinand qu'il croyait au séminaire. Les lettres du supérieur ne lui étant pas parvenues, comme nous l'avons dit ; celui-ci ne se sentant pas soutenu, n'osait plus rien écrire, prenant le silence de M. de Mazarin pour une improbation. D'ailleurs la lettre de cachet avait été levée, donc M. le cardinal avait changé d'idée. L'abbé le Bon se tint tranquille. Je ne sais, mais je crains qu'il n'en soit pas de même de Robert ; il a quitté Bordeaux, où est-il allé? voilà ce que nous saurons plus tard.

Les habitans de Lérac, sachant que leurs seigneurs partaient et leurs enfans avec eux, vinrent faire leurs tristes adieux. Quelques pauvres gentilshommes du voisinage, qui avaient reçu des témoignages d'un vif intérêt de la part du comte, et l'accueil le plus aimable, quoiqu'ils ne le fussent guères, de la comtesse et de sa fille, vinrent aussi exprimer leurs regrets de voir cette respectable famille s'éloigner pour quelque tems. Les gens riches et qui tenaient au parti du parlement, craignant de se compromettre, ne vinrent point, et cela ne surprit pas le comte, il s'en dédommagea en trouvant le moyen d'être utile aux autres. Sachant que la plupart étaient fort mal à l'aise, la comtesse les retint tous à coucher au château. Pendant qu'ils dormaient encore on mit dans les fontes de leurs pistolets, quelques rouleaux de louis, dont ils ne s'aperçurent qu'en arrivant chez eux et déjà leurs bons voisins étaient en pleine mer;

car ils partirent de Lérac à minuit. La duchesse les accompagna jusqu'au port. Elle ne se sépara de Ferdinand qu'avec émotion, il semblait qu'un triste pressentiment l'avertissait qu'elle ne reverrait jamais ce malheureux prince. Elle revint à Lérac avec M. et madame de Louvigny, qui avaient eu bien de la peine à retenir leurs larmes en se séparant de leurs amis. Madame de Chevreuse se reposa quelques jours au château, où ses cavaliers qui apprirent qu'elle y était, vinrent la retrouver; ceux qui avaient été blessés dans le combat étaient guéris. Elle les envoya les uns et les autres dans l'île de Rhé pour y attendre ses ordres.

Elle partit avec Cécile et son époux pour Louvigny, où elle resta près d'un mois, s'entretenant sans cesse avec MM. de Louvigny des plans les plus chimériques pour ramener Ferdinand en France. — Qu'ils soient heureux en Amérique, que nous puissions les joindre et je me trouverai bien plus contente, disait Cécile, que s'il était sur le trône. Ces vœux si modérés ne furent point exaucés. Les derniers beaux jours de notre héros étaient près de finir, et il n'avait pas vingt ans. Le chevalier qui était aussi resté à Louvigny quelque temps, quitta ses parens pour se rendre à Brest, d'où il comptait faire voile avec eux pour les Açores. Nous saurons ce qui empêcha ce départ.

De tous ceux qui avaient accompagné nos voyageurs jusqu'au port, il n'était resté que le directeur du collège. Mesdames de Chevreuse et de Louvigny n'avaient pu se résoudre à voir le vaisseau que Ferdinand et sa nouvelle famille montaient, s'éloigner du port, et elles avaient emmené M. de Louvigny. Il n'y eut que le digne M. de Saint-Armand qui monta à bort avec le prince ; il profita des derniers momens qui lui restaient à voir ses élèves pour leur rappeler en peu de mots les principes qu'il leur avait inspirés depuis leur plus tendre jeunesse. Charles lui était aussi cher que Ferdinand, et son dévouement à l'amitié augmentait encore son attachement pour lui. Ce bon jeune homme, après avoir obtenu le consentement de sa mère, renonça à toute espérance de fortune pour ne pas se séparer de son ami.

Il est vrai que Ferdinand, en enlevant à une mère un fils qui pouvait lui être un jour fort utile, lui persuada, dans la dernière visite qu'il fit à cette dame, qu'il avait obtenu pour Charles une pension de dix mille francs sur le prieuré de Saint-Martin, que celui-ci en abandonnait la moitié à sa mère, qu'il la priait de l'accepter en l'assurant qu'elle ferait à son fils le plus vif chagrin si elle le refusait. Il fallut céder, et ainsi Ferdinand était assuré que la famille de son ami ne manquerait pas; et il avait pris avec M. de Louvigny des arrangemens pour que le secret fût gardé, et l'argent touché très-exactement.

Les momens que le directeur passa à bord du *Gustave* ne furent pas longs; les voiles s'enflaient et il n'eut que le temps de bénir de nouveau ce couple qui lui était si cher, d'exiger de Charles qu'il ne négligerait pas ses études, et de recommander ses élèves à M. et Mme de Liancourt; il descendit enfin dans la chaloupe, et à peine y était-il entré qu'on levât l'ancre. Comme l'aurore éclairait l'horizon, il suivit de l'œil le vaisseau tant qu'il put l'apercevoir; puis il reprit le chemin du collége.

Rien ne transpirait des desseins de l'intendant : il travaillait dans l'ombre. J'ai dit que son fils avait été absent, et que l'on ne savait où il était allé. Il revint avec un air de triomphe qui ne promettait rien de bon. Le directeur fut mandé à S.t-Germain par le cardinal. Ce digne instituteur avait été vivement affecté des malheurs de Ferdinand, de son départ; sa santé en avait été altérée; il était âgé de plus de soixante-dix ans. Il sortait de table quand on lui remit la lettre du cardinal : elle lui fit une grande impression. La fièvre lui prit : on ne voulait pas qu'il partît. Il soutint que la route lui ferait moins de mal que l'inquiétude où il était de ce que le cardinal lui voulait. Il ne s'arêta pas en route, et courut nuit et jour, malgré les représentations que lui faisait le frère jésuite qui l'accompagnait. Il arriva à S.t-Germain où le cardinal était depuis dix jours; mais M. de S.t-Armand, en descendant de voiture, se trouva dans un état si fâcheux, que le père Damery, chez qui il alla, le gronda sérieusement d'être parti; il le fit coucher, envoya chercher toute la faculté. Mais le ciel, qui voulait récompenser les vertus du P. S.t-Armand, en le retirant à lui, avant qu'il fût témoin du sort affreux de son élève, rendit vaine la science des médecins. Ils déclarèrent dès le second jour, que son état était très-dangereux, et sa fièvre de nature à se communiquer; ainsi, il ne vit point le cardinal ni la reine; mais le père Damery ne le quitta pas. Il le fit transporter dans une maison de la ville, près du château, car il n'était pas non plus alors permis de mourir dans les palais des rois. Le jésuite était si mal, qu'à peine il s'en aperçut; cependant la connaissance lui revint: il s'en servit pour verser, dans le sein de l'amitié, les aveux que la religion exige des mourans, et qui ne pouvaient qu'ajouter à l'estime que son confrère avait pour lui. Après que le père Damery lui eût donné tous les secours que l'église accorde à ses enfans, ils s'entretinrent encore du sort de Ferdinand. M. Damery avait dit à la reine que son confrère était arrivé malade pour se rendre aux ordres du cardinal, ce qui inquiéta S. M., mais S. Em. à qui elle en parla lui dit qu'elle avait désiré voir le directeur pour être rassurée plus en détail de tout ce que la reine avait fait pour Ferdinand pendant qu'il était en Provence ; ainsi M. Damery assura son ami que le premier ministre l'avait mandé pour apprendre seulement de sa bouche les détails de cette affaire, sur laquelle néanmoins il ne pouvait revenir. M. de Saint-Armand le crut ; mais certain qu'il ne releverait pas de cette maladie, il pria le confesseur de la reine de se charger de remettre à cette princesse une relation très-détaillée du mariage et du départ de Ferdinand, et de sa noble et vertueuse résignation en quittant sa patrie pour le repos de sa mère et de l'État ; de plus, le jésuite envoyait à la reine le portrait de son fils, il la priait de le garder pour l'amour de cet aimable prince, et de ne jamais l'abandonner à ses ennemis. Le père Damery lui promit de remplir ses intentions. Peu de momens après, le directeur tomba dans une faiblesse qui lui déroba ce passage toujours effrayant de la vie à la mort. Le père Damery ne le quitta pas un instant tant qu'il vécut, et il adressa à Dieu les plus ardentes prières pour que son ami reçût la récompense de ses vertus ; enfin les yeux de ce digne instituteur se fermèrent, et le père Damery, après avoir rempli tous les devoirs de la religion et de l'amitié, se retira en recommandant au frère de ne pas quitter les dépouilles mortelles du père Saint-Armand, jusqu'à ce qu'il eût donné des ordres pour ses funérailles.

Il fit prévenir la reine par Blouin qu'il avait quelque chose à lui remettre. La reine le fit prier d'attendre une heure. Il resta dans sa chambre, pensant à son ami qui mourait victime de son attachement pour son élève ; il le regrettait sincèrement ;

c'était une perte réelle pour l'ordre, car il était impossible d'avoir plus les qualités nécessaires à ses fonctions, et il regrettait en lui un ami sincère et fidèle ; il pensait aussi à ce malheureux prince, qui n'avait pu espérer quelque repos qu'en fuyant sa patrie, et encore y serait-il à l'abri des défiances politiques ; il avait son portrait sous les yeux ; il ne pouvait le regarder sans une extrême émotion ; sa ressemblance frappante avec Louis XIV, lui faisait faire de tristes réflexions. Quoi ! faut-il le punir, disait-il, de ce qui devrait lui servir à rentrer dans ses droits ? c'est parce qu'il ressemble à son frère, que l'on le persécute depuis sa naissance ; et peu s'en est fallu que ses ennemis ne flétrissent le pur sang de nos rois. Qui aurait dit, lorsque la reine fatiguait le ciel de ses vœux pour qu'il la rendit mère, que lorsqu'elle obtiendrait cette faveur au-delà même de ses désirs, elle confirmerait le crime de celui qui déroba la naissance de cet enfant, et que, par je ne sais quelle crainte pusillanime, elle condamnerait l'un de ses fils à languir dans l'obscurité, et à perdre peut-être la liberté plus précieuse que la vie, parce qu'il ressemble à son frère? non, je n'aurais jamais pu l'imaginer.

Il était tout occupé de ces pensées, quand Blouin arriva. Mon Dieu! dit le jésuite, au garçon de la chambre, en traversant les longs corridors qui mènent chez la reine, S. M. ne m'a jamais reçu si tard que depuis quelque temps. — Mon révérend père, moi, je sais bien pour quelle raison, mais je ne veux pas la dire. — A moi, mon cher Blouin, dont vous connaissez la discrétion!

— Eh bien ! vous le voulez ? — Oui, je le désire vivement. — Le cardinal est jaloux. — Jaloux ! de qui ? de moi ? — Pas plus de vous que de tous vos confrères, des jésuites enfin. — Des jésuites ! et que craint-il ? — Que vous ne lui enleviez la confiance de la reine; il l'a déjà dit à S. M., et voilà pourquoi elle se cache de lui. Il tient aussi notre jeune roi en tutelle, mais cela ne durera pas toujours; le ministre vieillit et quand il sera mort, on reconnaîtra ce jeune prince. Il ne veut pas seulement qu'il se montre à l'armée, sous prétexte qu'il ne faut pas qu'une tête si précieuse s'expose, tandis que lui irait, s'il n'avait pas peur qu'on ne prit sa barette pour un point de mire; et ce ne serait pas une grande perte; il eût mieux valu que ce fût lui qui pérît que votre confrère; pour lui c'était un brave homme ; et puis cela fera tort à qui vous savez, il avait là un ami bien chaud et en même-temps bien prudent : ce n'est pas comme madame la duchesse de Chevreuse. Comme on arrivait à la porte de l'oratoire, la conversation en resta là. Le jésuite entra, se laissa enfermer comme de coutume, attendit et fut encore assez long.

Enfin la reine entra. Pardon, mon révérend père, de vous avoir fait attendre, mais j'ai cru que le cardinal ne finirait pas ce soir ; il est si fier de ses négociations avec l'Espagne ; il semble que je lui doive une reconnaissance infinie, enfin il prétend que nous devons nous approcher des Pyrénées, mais tout cela vous importe peu. Dites-moi, mon révérend père, des nouvelles de votre confrère. — Il est dans le sein de

Dieu. — Quoi ! il est mort ! — A dix heures du soir, et c'est pour parler de lui à V. M. que j'ai pris la liberté de demander que vous daigniez me recevoir un instant ; il m'a remis un paquet qui contient le détail de tout ce qui s'est passé à Lérac suivant vos ordres, jusqu'à l'embarquement. — Donnez-moi cet écrit qui fera couler mes larmes : je ne puis penser à cet infortuné sans une profonde douleur. — Je suis chargé aussi de vous prier de la part du père Saint-Armand de vouloir bien permettre que je remette aux pieds de V. M. un objet qui lui était bien cher, et qui, je crois, ne vous sera pas moins précieux ; et il tira de son sein le médaillon qui renfermait le portait de Ferdinand. La reine le considéra avec le plus grand attendrissement. Hélas ! dit-elle en versant quelques larmes, on ne sait pas si c'est celui de Ferdinand, ou celui de Louis, la coiffure seule les distingue ; je vous rends grâce de vous être chargé d'un don si cher à mon cœur ; il ne me quittera jamais, mais comme le médaillon a une valeur, et qu'il l'eût laissé à quelqu'un de ses parens; dites-moi, les connaissez-vous ? y en a-t-il de peu fortunés ? — Sa nièce, qui est veuve d'un brigadier des armées du roi, est pauvre et a plusieurs enfans. — Voici un sac qui contient cinq cents louis, vous voudrez bien le lui faire remettre sans l'instruire pour quelle raison je les lui envoie, dites-lui de plus qu'elle adresse un mémoire au ministre de la guerre, pour avoir une pension et elle l'obtiendra.

Le père Damery vit dans toute cette conduite de la reine un grand attachement pour son fils; il ne douta pas que la relation qu'avait faite le père Saint-Armand ne l'augmentât encore. Il se flatta qu'enfin Ferdinand avait acheté au prix d'une couronne, le bonheur et la liberté, et il l'en félicita intérieurement. La reine le retint près de deux heures pour ne lui parler que de Ferdinand. Elle le chargea d'écrire à madame de Louvigny qu'elle voulait la voir avant qu'elle partît pour l'Amérique; qu'elle la chargerait de la représenter comme marraine du premier enfant de Félicie. Peut-être un jour je les verrai, disait-elle, je ne pourrais supporter l'idée d'être à jamais séparée de lui. Qui aurait dit d'après cela......

Aussi le jésuite parfaitement rassuré, rentra chez lui à près de trois heures du matin. Il passa peu d'heures dans son lit, et à son réveil il écrivit à M. de Louvigny, le malheur qu'ils avaient eu de perdre M. de Saint-Armand, et tout ce que la reine avait marqué de sensibilité dans cette triste circonstance, et d'attachement pour Ferdinand, jusqu'à vouloir être marraine de son premier né.

Le confesseur de la reine s'occupa ensuite de faire rendre les honneurs funèbres à son confrère. On savait déjà à Paris la mort de ce saint homme; beaucoup de ses confrères se rendirent à Saint-Germain, et son convoi fut des plus nombreux. C'eût été une grande douleur pour son auguste élève s'il y avait assisté; et même s'il avait appris qu'il était la cause innocente de la mort de ce digne ami, dont les mortelles inquiétudes pour ce prince, avaient hâté les derniers momens.

CHAPITRE XXV.

Tandis que Ferdinand perdait en France un ami que rien ne pouvait remplacer, il était loin de prévoir ce malheur ni même d'envisager pour lui aucun sujet d'inquiétude. Rien n'était comparable à la beauté du temps. Depuis qu'il était en mer, on eut dit que l'amour qui le comblait de ses faveurs, avait obtenu de Neptune d'enchaîner les vents qui enfantent les tempêtes, et de ne laisser souffler que les zéphyrs. Un vent d'est, qui semblait, en passant sur les plaines de France, rapporter à Ferdinand et à sa nouvelle famille, les émanations de cette terre chérie, enflait les voiles, et le bâtiment faisait près de trente-cinq lieues par jour.

Félicie se ressentait cependant de la rapidité de la marche du vaisseau, et le mal que cause la mer, se confortant avec des symptômes de grossesse qui la fatiguaient extrêmement, elle était très-empressée que l'on pût atteindre les Açores. Si ces vents durent, lui disait Ferdinand, nous ne serons pas plus de quinze jours, et en voila déjà huit que nous sommes embarqués. Arrivés dans les îles, nous nous y reposerons. En attendant, Ferdinand la tenait presque toujours dans ses bras, et par les plus tendres caresses, il s'efforçait d'adoucir ses souffrances. Plus ils s'éloignaient de l'Europe, plus ils se félicitaient d'être échappés à la tyrannie.

M. et madame de Liancourt jouissaient du bonheur de leur fille. M. de Valroi lisait ses livres de théologie, car il voulait toujours suivre son état, et Ferdinand lui disait en riant : tu seras évêque de Québec, et ainsi ils se croyaient un long avenir que le présent leur faisait penser devoir être heureux ; car rien ne manquait à la félicité de ces tendres amis, que la réunion de ceux qu'ils avaient laissés en Europe, et qui ne devaient pas tarder comme il était à présumer. Enfin, le quatorzième jour on cria terre, et on entra le quinzième à cinq heures du matin, dans le port d'Angra, ville capitale de Tercère, la plus grande des Açores.

La douceur du climat, les champs couverts de pastel (1), où l'abeille

---

(1) Jolie plante qui porte une fleur jaune et qui donne une couleur bleue.

butine en bourdonnant ; l'aspect des montagnes bien plus hautes que celles de France, des arbres qu'on n'y connaissait pas, ce mélange d'hommes de couleur différente, frappèrent Félicie et lui plurent. M. de Liancourt qui savait le portugais, se fit conduire chez le gouverneur (1) qui le reçut avec une grande distinction, parce qu'il avait connu plusieurs de ses parens, entre autres M. de la Roche-foucault qui avait été ambassadeur à Lisbonne. Il lui offrit donc, et à sa famille tout ce qui pouvait lui être agréable et les força en quelque sorte à accepter un logement au gouvernement. On y transporta tout ce

---

(1) Les Açores furent découvertes au XVe siècle. Gonzalve Velez y aborda en 1449, et en prit possession pour le roi de Portugal, qui les posséda depuis.

qui avait été chargé sur le Gustave, et la femme du gouverneur et sa fille qui étaient belles et aimables, vinrent chercher madame de Liancourt et de Louvigny pour les conduire dans leur palais, où elles leur donnèrent un logement aussi beau que commode : on exigea que Félicie se mît au lit, et on servit aux voyageurs le plus délicieux déjeuner, puis on les laissa se reposer, et on ne devait se réunir que pour le souper, où le gouverneur fit inviter tout ce qu'il y avait de personnes de marque dans la ville, et parmi les officiers de marine.

Ces dames, prévenues qu'on devait leur donner une fête, se parèrent, et Ferdinand qui s'était aussi retiré pour s'occuper de sa toilette, revint, et Félicie lui parut si belle, qu'il croyait la voir pour la première fois.

Charles jouissait du bonheur de son ami ; mais il ne croyait pas devoir partager les plaisirs qui ne convenaient pas à son état. Il se rendit chez l'évêque qu'il entretint en latin, et il y passa la soirée, comblé de marques de bienveillance du pontife, qui l'engagea à venir le voir souvent ; ce qu'il fit tout le temps qu'ils furent dans l'île.

A neuf heures le gouverneur vint prier les dames de passer dans la galerie, où elles trouvèrent des femmes belles et jeunes, assises sur des gradins qui présentaient l'aspect le plus agréable. Les hommes étaient debout rangés en haie ; le gouverneur fit placer Mmes de Liancourt et de Louvigny auprès de la gouvernante et de sa fille, sur une estrade qui était surmontée d'un dais, et ressemblait à un trône. Ferdinand ne put s'empêcher de sourire en voyant Félicie s'y asseoir : et il dit à son beau-père : Qui aurait pensé que ce serait dans une île de l'Océan, appartenant aux Portugais, que l'on rendrait à ma compagne les honneurs de la royauté ? — Est-ce un regret que vous exprimez, mon fils ? — Moi, un regret ! moi, l'heureux époux de Félicie ! pourriez-vous le penser ?

Le fils du gouverneur vint prier Félicie d'ouvrir le bal, et Ferdinand prit pour sa danseuse la sœur de ce jeune homme, brune piquante et vive comme toutes les femmes du midi de l'Europe. Ils dansèrent tous quatre un menuet, et ces deux couples disputèrent de grâces, de beauté et de précision, dans cette danse si difficile à exécuter parfaitement. Ensuite vinrent les danses des insulaires, qui charmèrent les Européens. Félicie dansa peu, parce que les soupçons de grossesse devenaient chaque jour une certitude. A minuit, on servit le repas le plus magnifique, on illumina les jardins, et on reprit les danses dans les bosquets d'orangers, de grenadiers chargés de fleurs et de fruits qui, à la lueur des illuminations, paraissaient d'un éclat extrême.

Les bosquets étaient placés sur un tertre assez élevé. La salle de danse formait une esplanade, où aboutissaient quatre grandes allées; une avait pour point de vue le port, et le gouverneur avait fait illuminer et pavoiser les vaisseaux qui s'y trouvaient, et qui saluèrent le palais de 21 coups de canon, et on vit s'élever au grand mât d'un vaisseau de ligne, un transparent où étaient le chiffre de Ferdinand et d'Isabelle, avec une couronne de myrte et d'olivier,

Ferdinand était pénétré de reconnaissance; il ne pouvait se dispenser de faire danser les belles d'Angra, mais il revenait toujours avec délices aux pieds de Félicie, qui était la première à l'engager à déployer dans cet exercice toute la grâce qu'elle admirait en lui. Ils s'aimaient trop tendrement l'un et l'autre pour être jaloux.

Cette nuit fut un triomphe perpétuel pour Ferdinand et Félicie, que tout le monde admirait. Jamais couple n'avait été mieux assorti. En les voyant on se disait aussi : c'est le père des humains et sa compagne ; la force, l'agilité, le feu des regards caractérisaient Ferdinand ; une douceur angélique jointe à l'expression la plus tendre, embellissaient Félicie. Timide et craintive, elle avait besoin d'un appui tutélaire, et lorsqu'elle se reposait amoureusement sur les bras de son bien aimé, on eût dit une vigne nouvelle s'enlaçant aux branches d'un jeune et vigoureux ormeau.

Une nuit au bal est pour l'amant qui aspire au bonheur, une extrême félicité; mais pour l'époux que l'amour couronne, elle n'est qu'une longue contrainte. Aussi, Ferdinand obtint de sa bien-aimée, qu'ils se retireraient sans être aperçus; et tandis que les danseurs seraient le plus animés, ils traverseraient les jardins, arriveraient au palais, et se renfermeraient dans leur appartement. Ils suivirent ce projet, M. et madame de Liancourt les cherchèrent dans la foule sans les retrouver. Alors ils songèrent à les suivre, mais ils ne crurent pas pouvoir le faire sans en demander la permission à la gouvernante, qui parlait fort bien italien, que M. de Liancourt savait aussi.

Elle lui fit des excuses de ses enfans en disant : Ils eussent dû partager plus long-temps les plaisirs d'une fête que vous avez bien voulu leur donner : *ma l'amore e anche il maestro*. La gouvernante sourit, et aurait peut-être bien voulu en dire autant ; mais l'époux d'un mois et celui de vingt ans ne se ressemblent guères. Cependant M. et madame de Liancourt s'aimaient encore avec une égale tendresse ; et il semblait que l'ardeur des sentimens de leurs enfans, rendait aux leurs toute la vivacité de la jeunesse. Hélas! ils n'auront pas encore long-temps à mesurer leur félicité sur la leur. L'enfer a juré la perte de ces amis fidèles, car on ne peut frapper l'un d'eux sans les blesser tous.

CHAPITRE XXVI.

Nous avons vu que Robert avait quitté Bordeaux; mais nous ignorons encore où le conduisit son atroce jalousie: c'est aux pieds du cardinal. Il lui révèle tout ce qui s'est passé dans la ville et aux environs; il l'envenime encore, il peint Ferdinand comme le chef d'une conspiration contre les jours du roi. Il s'était concerté, disait-il, avec madame de Chevreuse pour s'échapper du séminaire, elle l'attendait dans un bois voisin avec cinquante hommes à cheval. Elle l'a conduit à Lérac, etc.

Toutes les circonstances sont arrangées suivant son système de calomnie, l'émeute du peuple était soudoyée, enfin, on a séduit la reine, et elle a fait lever la lettre de cachet. Fier d'une telle protection, que ne fera-t-on pas ?

Le cardinal furieux qu'on eût osé agir sans son consentement, jura qu'il s'en vengerait. Il doit nécessairement retourner à Saint-Germain, il donne ordre à Robert d'aller l'attendre aux environs; mais déguisé de manière à ce qu'on ne pût savoir qu'il y était. Robert reprit la route de Paris, et vint attendre dans le village de Nanterre, caché dans une pauvre chaumière, le retour du cardinal ; il attendit dix jours. Enfin il entend un grand mouvement, qui annonçait le passage d'un homme puissant. Robert couvert d'un vieux manteau dont il se cachait en partie la figure, se mit ainsi déguisé sur le bord de la route. L'éminence le reconnaît et lui fit un léger mouvement de tête, pour lui prouver qu'il le voyait. Il rentre aussitôt dans l'auberge, pour y attendre les ordres du cardinal : ils ne tardèrent pas. L'éminence était avide de vengeance et il colorait ce désir du spécieux prétexte du bien de l'État. Un émissaire de M. de Mazarin demanda Robert et lui remit une lettre qui lui indiquait l'heure du rendez-vous avec le ministre ; c'était à neuf heures du soir. Robert est exact, il est au château à l'heure donnée. Le cardinal ne le fait pas attendre. — J'ai vu la reine, dit celui-ci, je lui ai caché l'horrible complot de Ferdinand ; elle ne l'aurait pas cru, elle est enchantée de tout ce qu'elle a fait ; elle m'a tout conté. Il paraît que le coupable après s'être uni à la fille de M. de Liancourt est allé avec eux en Amérique ; ainsi S. M. se croit débarrassée de ces intrigans, elle ne se doute pas qu'ils reviendront avec une force majeure. Voyant une telle faiblesse, je me suis décidé à le faire arrêter et conduire au fort Ste-Marguerite, dont Saint-Mars est gouverneur, c'est un homme sur lequel on peut compter; mais la difficulté est de savoir où ils relâcheront: Retournez à Bordeaux, monsieur Robert ; sachez quel vaisseau ils ont monté, et quel est le lieu du débarquement; vous m'en rendrez compte, et je ferai expédier les ordres en conséquence, surtout ne vous montrez pas ici. La reine serait furieuse contre vous, si elle savait que vous êtes opposé aux intérêts de son protégé. Si je suis jamais forcé de lui apprendre les mesures que je prends, je suis bien sûr qu'elle sera comme une lionne à qui une troupe de chasseurs a enlevé son lionceau, qu'elle frémira de rage. Il me faudra la menacer d'instruire le roi, et lui rappeler le sort de Marie de Médicis, pour qu'elle me laisse maître des moyens à prendre, afin d'anéantir les complots qui ne cesseraient pas, tant que Ferdinand serait libre. M. et madame de Louvigny sont arrêtés et conduits au château de Ham; madame de Chevreuse devait être menée à la Bastille, mais elle est tombée malade: on s'est contenté de la faire garder chez elle, et de ne permettre à qui que ce soit, excepté à son médecin et à son confesseur, de lui parler. Mais tout cela n'est rien tant que nous ne sommes pas maîtres de Ferdinand. Hâtez-vous de trouver ses traces; les momens sont chers, voudriez-vous vous charger de l'exécution? — Si votre Eminence croit que je puisse mieux servir S. M. dans cette occasion qu'un autre, je me soumettrai à la suivre malgré les ennemis qu'elle peut m'attirer. — Si vous réussissez, votre fortune sera telle que vous serez au-dessus des plus puissans, qui seront trop heureux de mendier votre faveur. — Ce n'est point là ce qui me détermine, mon zèle pour le roi... — Eh! mon cher, reprit le ministre, pensez qu'il n'y a que moi qui vous entende, et que je connais assez les hommes pour savoir que tout se réduit pour eux à l'intérêt personnel.

Robert ne savait que répondre; il voulait bien se conduire en scélérat, mais il ne voulait pas le paraître : cependant il ne perdit pas de temps, et en sortant du cabinet du ministre il prit la poste et arriva à Bordeaux, descendit droit à l'intendance et rendit compte à son père de tout ce que lui avait dit le cardinal, en supprimant sa dernière phrase. L'intendant se vit ministre, embrassa son fils, loua son activité, son intelligence, et l'exhorta à mettre à fin une aussi utile entreprise. Robert se rendit au port, sûr que le Gustave faisait voile pour Saint-Domingue; mais qu'il avait promis de relâcher aux Açores, moyennant une somme assez forte qu'il avait reçue pour se charger de toute la famille de Liancourt. Ces renseignemens lui suffirent et il repartit pour Saint-Germain.

Il parut difficile au cardinal d'arrêter Ferdinand dans une colonie portugaise. Robert assura que si Son Eminence le voulait, il en obtientrait facilement la permission du roi de Portugal, avec qui nous étions alors en fort bonne intelligence. L'éminence en parla le soir à l'ambassadeur, au cercle de la reine, mais sans nommer celui qu'elle lui désignait comme un conspirateur. Son Excellence ne voulut rien prendre sur elle, et dit qu'il en écrirait à sa cour.

La reine, comme nous l'avons dit, n'était pas instruite de toutes ces menées, elle espérait que Ferdinand échapperait à ses ennemis. Elle s'étonnait seulement de ne pas voir mesdames de Chevreuse et de Louvigny; elle en parla au père Damery qui lui offrit d'aller à l'hôtel de Chevreuse. Son habit lui servit de passeport. Il entra chez la duchesse qu'il trouva très-mal, mais ayant néanmoins toute sa tête; elle se plaignit des vexations du cardinal, et donna au jésuite une lettre pour la reine. Elle ne doutait pas que madame de Louvigny ne fût aussi prisonnière. Le jésuite l'exhorta à s'occuper du ciel, puisqu'on lui ôtait tout moyen de servir ses amis sur la terre. Elle le pria de revenir quand il aurait vu la reine.

Cette princesse fut au désespoir quand elle sut l'abus que le cardinal faisait de son pouvoir. Elle le fit venir, et lui parla avec la dernière hauteur. Le cardinal ne lui répondit que par ces mots : Que dirait le roi s'il savait que sa mère protégeait contre lui un intrigant, qui veut abuser d'une prétendue ressemblance pour lui enlever le trône ? Alors n'en doutez pas, madame, votre cher Ferdinand portera sa tête sur l'échafaud, et on verra encore la mère du roi forcée à quitter le royaume, mendier un asile en Allemagne. La reine n'écoutait rien, elle écumait de colère. — Quoi donc, madame! lui dit le cardinal, croyez-vous qu'il soit permis de se compter quand il est question du salut de l'Etat? ne vous en ai-je pas donné l'exemple, ignorez-vous que ma nièce eût pu être reine de France, et que je l'ai forcée de partir pour Modène? croyez-vous qu'il ne m'avait pas coûté d'affliger le roi, et de rendre ma nièce malheureuse?

La reine ne savait comment résister à l'indignation qu'elle éprouvait contre le ministre; elle se flattait toutefois que son fils lui échapperait. Elle répondit de la manière la plus affectueuse à la duchesse : mais elle n'était plus en état de jouir des témoignages de bonté de son auguste maîtresse. Elle venait d'être administrée, et le médecin avait dit qu'elle ne passerait pas la journée; et en effet, elle devint si mal que le père Damery n'en espéra plus rien. Il lui parla de Dieu et de ses amis; elle ne lui fit aucune réponse; prit la lettre de la reine, la baisa et la rendit au jésuite sans être décachetée, voulut proférer quelques mots; mais la parole expira sur ses lèvres et elle mourut en prononçant le nom de Ferdinand.

Le père Damery rapporta à la reine sa lettre, et lui apprit la mort de madame de Chevreuse, à laquelle elle fut très-sensible: c'était l'amie de son fils, de cet être infortuné qu'elle n'avait pas la force d'arracher à ses ennemis et dont la duchesse aurait pu le défendre. Ce fut pour elle un profond chagrin, elle n'avait plus de moyen de savoir ce qu'étaient devemus les Louvigny. Elle se reprochait sa faiblesse; quelquefois elle était prête à aller trouver le roi, à lui dévoiler ce mystère, à le rendre l'arbitre du sort de son frère; mais elle était retenue par une crainte secrète; elle tremblait que S. M. n'imaginât que Ferdinand n'était pas fils de Louis XIII, et qu'ainsi se persuadât qu'elle était coupable sans qu'elle pût donner de preuves du contraire, Et c'est ainsi que le respect humain paralyse les plus généreuses résolutions. Elle se contenta de prier le ciel de ne point permettre que Ferdinand fût la victime de la politique du cardinal, qui ne l'instruisait qu'imparfaitement de ces cruelles mesures, et elle attendit avec le plus grand effroi la suite de ce déplorable événement.

Cependant la négociation traînait

en longueur, et c'étaient quelques beaux jours de plus pour le prince et sa belle compagne, qui jouissaient du calme le plus parfait dans cette colonie, où le gouverneur et sa famille les engageait à rester, ce que Félicie aurait désiré au moins jusqu'après ses couches; mais il fallait que M. et madame de Louvigny fussent à Angra pour prendre un arrangement définitif, et il ne venait aucunes nouvelles. Plus de deux mois s'étaient écoulés depuis que nos amis étaient débarqués, et ces jours s'étaient passés avec une rapidité extraordinaire. La saison des tempêtes approchait et c'était une raison qui ajoutait à leurs inquiétudes. Ferdinand et Charles allaient tous les jours au port, et avaient le chagrin de revenir sans avoir la moindre nouvelle. Enfin on entrait dans le troisième mois, il n'y avait plus aucun doute que Félicie était enceinte. Un léger frémissement avait annoncé qu'avant six mois elle serait mère. Ferdinand s'était déjà livré au bonheur de se voir naître. Si c'est un fils, disait-il à Félicie, qu'il ignore entièrement mon origine, qu'il ne connaisse d'autres parens que MM. de Louvigny et la tendre Cécile, et si (ce qui j'espère ne sera jamais) le sort nous séparait, jure-moi que tu n'apprendras jamais à mon fils que j'eusse pu avoir des droits à la couronne. — Jamais nous ne serons séparés, et si nous l'étions je mourrais; mais je te jure que dans aucune circonstance je ne trahirai ce secret, dont la connaissance a pensé nous rendre si malheureux. Ferdinand exigea la même promesse de M. et de madame de Liancourt, afin, disait-il, de jouir sans allarme du bonheur d'avoir un fils.

Le gouverneur avait proposé à l'époux de Félicie du service dans la colonie; mais Ferdinand, français dans le cœur, le refusa en disant qu'il ne pouvait se dipenser de faire un voyage en Canada, où il attendait les ordres de la cour; le gouverneur n'insista pas. Un jour que Ferdinand, Charles, Félicie, M. et madame de Liancourt, étaient sur l'esplanade dont nous avons parlé, ils aperçurent en pleine mer un vaisseau dont ils ne distinguaient pas le payillon, et qui cinglait près le port d'Angra. Ferdinand à sa vue sentit un serrement de cœur qui l'étonna. Que peut donc apporter de fâcheux ce bâtiment? d'où me vient le trouble que j'éprouve? — C'est un vaisseau français, s'écria Charles, ce sont MM. et madame de Louvigny, courons au port. Et ils prirent tous le chemin qui y conduisait. A l'instant une chaloupe portugaise va reconnaître le bâtiment, l'officier du port rentre ayant des dépêches pour le gouverneur. Charles et Ferdinand s'informent si M. de Louvigny est à bord; on n'en sait rien. Il veut aller jusqu'au vaisseau; mais la mer est houleuse et annonce une prochaine tempête. Félicie s'oppose aux desseins des deux amis. Le vent se lève; quelques gouttes de pluie commencent à tomber. Ferdinand promet à sa femme de ne pas quitter le môle, mais la supplie et sa mère de rentrer. M. de Liancourt se joint à son gendre, et force ces dames à remonter au palais. Félicie cède avec une profonde douleur : elle ne peut se résoudre à s'éloigner de son bien-aimé, son père et sa mère rient de ses allarmes et la forcent à les suivre. Ferdinand et Charles attendent avec une grande impatience que le vaisseau entre dans le port, et cependant ils ne voient point qu'il s'y dispose, malgré que tout annonce une violente tempête.

Comme ils avaient les yeux fixés sur le bâtiment qui était une frégate de quarante canons, ils se trouvent tout-à-coup environnés par trente soldats qui, malgré toute la résistance que peuvent opposer deux hommes jeunes et braves, mais sans armes, contre des militaires armés; ils sont accablés par le nombre. On charge de chaînes Ferdinand, et on veut bien permettre à Charles de rester. Mais il se jette dans les bras de son ami, et descend avec lui dans la chaloupe qui, malgré le mauvais temps, aborde la frégate. En vain

Ferdinand et Charles veulent faire entendre leurs plaintes : ils ne savent pas le portugais, seule langue que ces satellites entendaient. Arrivés dans la frégate, le capitaine signifie à Ferdinand les ordres du roi qui l'envoient prisonnier aux îles Sainte-Marguerite. Le prince demande à voir sa femme et son beau-père, on le refuse. Il demande que Charles retourne et leur porte une lettre. — Vous ne pouvez avoir de communication avec qui que ce soit. Si M. Valroi veut retourner à terre, il en est encore le maître, mais il ne reviendra pas à bord. Le choix n'est pas douteux, Charles jure de ne pas abandonner son ami. Mme. de Louvigny, lui disait-il, a son père et sa mère, et vous, vous n'avez que moi. Le capitaine fit ôter les fers de Ferdinand et il le conduisit et son ami dans une chambre, à la porte de laquelle il fit mettre une sentinelle.

Quand les deux amis furent seuls, Ferdinand laissa exhaler sa douleur. Hélas! dit-il, le cardinal est donc parvenu à remplir ses abominables projets! me voilà prisonnier pour le reste de mes jours, je ne reverrai plus Félicie! mon enfant naîtra sans que je puisse le bénir! O mon Dieu! veille sur les jours de sa mère. Il paraît que l'on n'étend point la persécution jusqu'à Cécile et ses respectables parens, ils sont libres. — Vous le serez aussi, disait Charles, ce n'est pas la première fois que vous avez été prisonnier, la reine vous a toujours fait rendre la liberté. Fera-t-elle moins qu'elle n'a fait? M. et madame de Liancourt, Félicie, que la reine connaît et aime, iront se jeter à ses genoux et obtiendront votre élargissement. Je ne m'en flatte pas : il me semble qu'il y a quelque chose qui me dit que ma destinée est accomplie, et que je ne sortirai de ce vaisseau, que pour être plongé dans une prison, qui ne s'ouvrira jamais pour moi. Charles ne pouvait le distraire de ses sombres idées. On leur apporta à dîner, mais ils ne mangèrent ni l'un ni l'autre.

Cependant le vaisseau restait en rade quoique le temps se fût rasseréné, les vagues ne mugissaient plus. Qu'est-ce qui empêchait de partir ? et il était loin d'en deviner la cause. Nous savons que c'était Robert qui s'était chargé de l'ordre pour faire conduire Ferdinand aux îles Sainte-Marguerite. Il était en effet sur la frégate, mais il s'était bien gardé de se montrer au moment où le prince avait été amené dans le bâtiment.

Mais dès qu'il fut enfermé dans sa chambre, Robert, malgré le danger que la mer offrait encore, descend dans la chaloupe, se rend au port et se fait conduire au palais, où on ne venait que d'apprendre l'arrestation de Ferdinand; la douleur de la famille était au-delà de toute expression, et la femme du gouverneur la partageait; mais n'avait encore osé voir les amis du prisonnier.

Félicie s'était évanouie, et sa mère l'avait à peine rappelée à la vie, quand on vint lui dire que Robert demandait à voir madame de Louvigny. — Quoi! ce monstre! s'écria-t-elle, non jamais; il veut jouir de son ouvrage, le lâche! c'est à des femmes qu'il s'adresse! M. de Liancourt crut cependant qu'il ne fallait pas irriter ce tigre à qui il paraissait que le cardinal avait remis le sort du prince, qu'il fallait au moins l'entendre, tâcher de s'avoir de lui, ce qui avait donné lieu à ce nouveau trait de despotisme.

CHAPITRE XXVII.

Félicie consentit à recevoir l'auteur de tous ses maux. Elle pria son père et sa mère de se retirer dans un cabinet d'où ils pouvaient tout voir, et tout entendre. Robert s'avança d'un pas chancelant, sa pâleur décelait son trouble. Madame de Louvigny qui etait sur un lit de repos, lui fit signe de s'asseoir dans un fauteuil qui était auprès. Non, dit Robert, c'est à genoux qu'il faut que j'entende mon arrêt, que vous prononciez celui de Ferdinand. Vous savez que dès que je vous vis, je vous adorai :

voilà mon crime. — Levez-vous, monsieur, si vous n'avez que cela à me dire, il était inutile de venir insulter à ma douleur. — Je n'y insulte pas, je la partage; si vous dites un mot Ferdinand sera libre, on le conduira en Angleterre d'où il fera passer un acte mortuaire. Alors vous serez libre et vous couronnerez l'amour le plus passionné qui fût jamais.

Il avait à peine achevé ces mots que M. de Liancourt paraît. Scélérat, lui dit-il, peux-tu te vanter de cette horrible trame! mais songe que tu n'en jouiras pas; sortons, ou je te regarde comme le plus vil et le plus lâche des hommes. — O mon père! ô monsieur de Liancourt! s'écrièrent en même-temps sa femme et sa fille, ne comblez pas nos malheurs, en exposant votre vie.

M. de Liancourt les repousse, et

entraîne Robert hors du palais; ils traversent les jardins et ouvrent une porte qui donnait dans la campagne; ils entrent dans un bois qui les dérobait à la vue. Alors ils tirent l'un et l'autre leur épée. Robert écumait de rage, et perdant toutes mesures, il se jette sur le fer de son adversaire, qui lui perça le cœur; il tomba baigné dans son sang et expira. M. de Liancourt rentra au palais par la même porte par laquelle il était sorti, et regagna l'appartement où il avait laissé sa femme et sa fille. Il les trouva dans les plus vives allarmes, et sa présence calma un instant leur désespoir. Il a reçu, dit le marquis, la punition de ses crimes; je l'ai laissé mort à cent pas des murs du parc; il est possible qu'on ne sache point qui l'a tué, personne ne m'a vu ni sortir, ni rentrer. Il faut savoir à présent si cet homme n'existant plus, on mettra ses ordres à exécution. Je vais au port; attendez mon retour, et espérons que le ciel qui a livré ce monstre à mon bras, ne nous abandonnera pas, et il quitta ses dames pour savoir s'il ne lui serait pas possible d'être reçu à bord de la frégate.

Il se met dans un canot, et traverse la rade. Mais, ô douleur que l'on ne peut exprimer! le vaisseau est déjà à plus de quatre milles en mer, et le vent le chasse loin de ces parages, voilà ce qu'on a su depuis. Les ordres de l'officier qui commandait la frégate portaient d'envoyer ses dépêches sans entrer dans le port, d'attendre qu'on lui amenât un prisonnier, et qu'aussitôt qu'il serait arrivé, de partir. Robert avait demandé une heure pour une affaire qu'il avait à traiter à terre, l'officier la lui avait accordée; ne le voyant pas revenir au bout de deux heures, il était parti. Ainsi la dernière espérance du comte était anéantie; il se fit remettre à terre et revint tristement au palais; il est parti, lui dit sa fille en le voyant revenir si promptement. — Hélas! oui, reprit ce malheureux père. — Je veux partir aussi, dit-elle, je veux arriver aussitôt que lui en France, voir la reine, mourir à ses pieds, si elle ne me rend pas mon époux.

M. de Liancourt n'avait pas vu le gouverneur depuis l'arrestation de Ferdinand; il fallait bien cependant qu'il s'expliquât avec lui; il fallait savoir s'il était instruit de la mort de Robert, et enfin d'obtenir un passage sur un vaisseau portugais, s'il n'y avait point d'ordres qui les retinssent à Angra. Il se décida donc à se présenter chez lui. Le gouverneur le reçut avec une politesse froide qui prouvait bien qu'il avait des préventions contre lui. Monsieur, lui dit M. de Liancourt, il me paraît que vous croyez mon gendre coupable; je puis vous assurer que jamais on n'a été plus injuste qu'on ne l'est à son égard; je ne doute point que dès que j'aurai vu la reine, elle fera révoquer les ordres qu'on a surpris à sa religion. Je vous demande donc un passage sur un vaisseau portugais qui est au moment de faire voile pour Londres; veuillez lui ordonner de relâcher à Bordeaux, pour m'y mettre à terre, moi et ma famille. — Je ne vous cache point, dit le portugais, qu'un officier français qui est venu un instant dans cette île, m'a dit des choses qui m'ont infiniment surpris; mais je ne me mêle point des démêlés étrangers à ma nation ; j'ai reçu des ordres de ma cour de faire arrêter M. de Louvigny; je les ai exécutés ; je n'en ai reçu aucuns qui vous soient personnels ni à vos dames : vous pouvez partir quand il vous plaira : je vais faire savoir sur cela vos intentions au commandant du *San Iago*. Je désire que vous réussissiez dans vos projets, et que votre traversée soit heureuse. Du reste, il ne lui parla point de la mort de Robert, dont il paraît qu'il n'avait point encore de connaissance.

M. de Liancourt ayant obtenu ce qu'il désirait, n'en demanda pas davantage, et retourna vers ses malheureuses amies qui éprouvèrent à cet instant ce seul allégement à leurs souffrances, la certitude du départ des Açores; on ne pensa plus qu'aux préparatifs du départ.

La gouvernante vint cependant marquer à ses hôtes la part qu'elle prenait à leur profonde affliction. Les femmes, dans tous les pays, sont toujours plus capables que les hommes de s'exposer pour donner des témoignages d'affection aux malheureux. Madame de Liancourt et sa fille furent sensibles à cette marque de bienveillance. La portugaise pleura avec elles, et se plaignit de les avoir connues pour les perdre sitôt. Elle leur fit promettre de lui donner de leurs nouvelles et de celles de Ferdinand, quand elles seraient arrivées à Bordeaux.

Elle revint le lendemain, et prenant le comte en particulier, elle lui fit part qu'on avait trouvé le corps d'un officier français mort d'une blessure qu'il avait reçue en duel, car il avait encore son épée à la main;

qu'elle était présente quand on était venu rendre compte de cet événement au gouverneur, qu'elle avait obtenu de lui que cette affaire serait ensevelie : cependant comme il peut importer aux parens de cet officier de savoir sa mort, on a dressé un procès-verbal qui constate son trépas, car on a trouvé sur lui les papiers qui faisaient connaître son nom. On a joint à ces mêmes papiers ses bijoux, et un porte-feuille où il avait des lettres de change pour cinquante mille francs. Tout cela a été cacheté du cachet du gouverneur, et sera donné au capitaine du *San Iago*, qui est chargé de le remettre au père de cet homme, dont on n'a point spécifié le genre de mort, pensant que cela eût pu vous compromettre.

Le comte fut extrêmement touché de la marque d'intérêt que lui donnaît cette aimable femme. Il l'en remercia sincèrement, et ne lui cacha point le sujet qui l'avait armé contre Robert. — Il n'a eu, dit-elle, que ce qui était dû à sa scélératesse. Sa punition et son crime sont ensevelis avec lui.

La gouvernante revint le soir voir ces dames, et elle amena sa fille, que madame de Louvigny pria d'accepter le beau collier de perles qu'elle tenait de la reine, en la priant de le garder pour l'amour d'elle. La jeune personne l'accepta avec reconnaissance, elle le mit à son cou en l'assurant qu'elle ne s'en séparerait jamais.

Enfin tout étant prêt pour quitter Tercère, la femme et la fille du gouverneur accompagnèrent cette famille infortunée jusqu'au port, et firent porter par leurs nègres des corbeilles de toute espèce des meilleurs fruits de l'île et des caisses de vins de liqueurs les plus vieux de leurs caves; elles les embrassèrent en fondant en l'armes, et faisant mille vœux pour leur bonheur, et la délivrance de Ferdinand. M. de Liancourt les pria de présenter ses hommages au gouverneur, bien certain que les seuls devoirs de sa place l'avaient empêché de lui donner et à sa famille les mêmes marques de sensibilité qu'ils avaient reçus d'elle. La gouvernante ne chercha point à excuser son mari, et assura seulement que son estime égalait la sienne; et au moment où il fallut monter dans la chaloupe, la mère et la fille ne purent retenir leurs larmes, et s'éloignèrent sans oser retourner la tête, ne pouvant voir partir le vaisseau sans un véritable regret.

CHAPITRE XXVIII.

Quelle différence de cette traversée à celle que ces infortunés avaient faite pour se rendre aux Açores ! ils croyaient alors fuir la tyrannie et échapper pour jamais à l'esclavage; hélas! ces tendres époux sont séparés, ils ne se reverront peut-être plus ! et rien n'adoucit pour Félicie les maux qu'elle éprouve, et qui rendent sa situation déplorable. En vain la tendresse maternelle s'empresse à lui rendre les soins les plus touchans. Le cœur qui a connu le charme de l'amour, ne trouve plus, même dans les liens sacrés de la nature, un dédommagement à sa perte, et il repousse en quelque sorte les consolations qui semblent encore aggraver ses douleurs. Aussi madame de Liancourt était désespérée, et elle voyait en frémissant que la santé de Félicie était si mauvaise, qu'elle n'osait se flatter qu'elle pût donner la vie à l'être infortuné qu'elle portait dans son sein. Mais laissons-les traverser l'Océan, accablés de douleur, et voyons ce qu'est devenu leur malheureux ami.

Dès qu'on eut levé l'ancre, le capitaine vint dans la chambre de Ferdinand, et voyant que ni lui ni son compagnon n'avaient dîné, il leur dit qu'étant chargé de ramener son prisonnier en France, il ne voulait point qu'il se laissât mourir de faim. C'est un abus, disait-il, il n'en est ni plus ni moins, et on ajoute au mal moral, le mal physique qui laisse moins de force pour supporter le premier. D'ailleurs il est bien à présumer que ceci n'est qu'une précaution politique, dont en vous voyant, monsieur, il est aisé de deviner la raison. On vous aura compromis dans quelque conjuration, vous prouverez votre innocence et vous sortirez du fort où je vous conduis, comme de toute autre prison (1). Mais si vous vous laissez abattre, vous deviendrez faible, languissant, peut-être pour le reste de vos jours. Ne demeurez pas dans votre chambre, venez dans celle du conseil. A présent que nous sommes en pleine mer, vous êtes parfaitement libre,

_____

(1) Il n'y avait que le capitaine de la frégate, qui sût où on menait Ferdinand.

et j'ai ordre de vous traiter avec tous les égards dus à votre haute naissance. Ferdinand, la tête appuyée dans ses mains, ne paraissait point entendre ce que disait M. le chevalier de Florac, c'était le nom du commandant de la frégate. Charles qui trouvait ce discours fort raisonnable, donnait tous les signes d'approbation, et enfin, tirant son ami par le bras, il lui dit: — Répondez donc au capitaine; et comme s'il sortait d'un profond sommeil, il dit péniblement ce peu de mots: — Je vous rends grâce, monsieur, de votre bonne volonté à mon égard, mais je fuis les humains; j'ai perdu tout ce qui m'attachait à la vie, je n'attenterai pas à la mienne, mais je me trouverais heureux que le ciel voulût bien la terminer. Cependant pour Charles qui ne sortirait pas, si je restais dans ma chambre, je me rendrai à l'heure du souper dans la salle du conseil. Le capitaine se retira en réitérant à Charles que Ferdinand était absolument libre sur le vaisseau, et qu'il voulût bien demander tout ce qui pouvait lui être agréable, qu'il allait lui envoyer un domestique qui les servirait tout le temps qu'ils seraient à bord.

Cet homme vint en effet avec un autre, portant une malle contenant des habits et de très-beau linge, une guitare, de la musique et une boîte à couleurs, avec du papier, des crayons et un choix de livres de nos meilleurs auteurs. Charles vit tout cela avec grand plaisir; Ferdinand avec la plus parfaite indifférence; il sortit néanmoins, vint dans la chambre du conseil, vit jouer aux échecs. Charles fit une partie qu'il gagna, car il était très-fort à ce jeu.

On servit à souper: le capitaine fit mettre le prince à sa droite, le servit le premier, lui adressa toujours la parole avec une extrême politesse. Ferdinand mangea peu, et répondait lorsqu'on lui faisait quelque question. Il se retira en sortant de table; peu à peu il se familiarisa avec les officiers qui montaient l'Atalante, et dont la franchise, la gaieté inspiraient la confiance. Ils lui répétaient que sa détention ne serait pas longue, et il commençait à le croire: ils étaient pour la plupart bons musiciens; ils le forcèrent à leur faire entendre sa belle voix. Il chanta la romance qu'il avait composée pour Félicie, qu'il accompagnait avec une grande perfection. On le trouva très-aimable, on le lui dit, et ces nouveaux amis adoucirent par leurs soins la douleur qu'il ressentait d'être séparé des anciens.

Un événement auquel on ne pouvait pas s'attendre, vint porter quelque joie dans le cœur de ces malheureux époux. Le vaisseau que montait Félicie et ses parens était meilleur voilier que l'Atalante ; ils suivirent la même route, et quoique le *San Iago* fût parti deux jours plus tard, ils se rencontrèrent à la hauteur de Cadix. Ferdinand était sur le pont lorsqu'on signala un vaisseau portugais. Son cœur tressaillit, et s'emparant de la lunette d'approche, il crut distinguer des femmes sur l'avant. Dieux! si c'était Félicie qui revient en France avec sa famille! Le bon Charles lui confirma ses soupçons, c'est elle bien sûrement, je reconnais madame de Liancourt, sa fille est auprès d'elle. Ferdinand, après s'être encore assuré, chercha le capitaine ; lui dit le vif intérêt qu'il prenait à ce navire, et le pria de le faire visiter afin de pouvoir être à portée de s'entendre par le porte-voix. M. de Florac le lui promit : le temps était presque calme ; il fait mettre la chaloupe à la mer. Ferdinand aurait bien voulu y descendre, mais le chevalier ne pouvait le lui accorder : seulement les vaisseaux restèrent en panne, environ une demi-heure. Ferdinand vit sans le secours d'aucun verre sa chère Félicie ; ils s'exprimèrent par gestes tout ce que leurs cœurs ressentaient, ils se parlèrent par le porte-voix, se jurèrent de s'adorer jusqu'au dernier jour de leur vie. Ferdinand recommanda son fils à Félicie, dit qu'il voulait qu'on le nommât *Louis*. Il exprima tous ses sentimens au père et à la mère de Félicie, leur parla de M. et de madame de Louvigny. Charles les assura qu'il ne quitterait jamais son ami. Félicie demanda à Ferdinand s'il savait où on le conduisait, il dit que non. — Je vais à Saint-Germain, dit-elle, voir la reine; et elle finit par l'assurer qu'elle espérait bien qu'il serait libre avant qu'elle fût mère. On ne put prolonger ces momens de bonheur pour ces tendres époux. Les vaisseaux voguèrent quelque temps dans les mêmes eaux, mais enfin le San Iago, plus agile que l'Atalante, l'eut bientôt dépassé. Nos amans en voyant qu'ils allaient encore se séparer, étendirent les bras l'un vers l'autre, et les zéphirs emportèrent leurs tendres plaintes et leur baiser.

Quand il ne fut plus possible de distinguer le vaisseau portugais, Ferdinand se laissa tomber dans les bras de Charles, et y resta plusieurs minutes dans un abattement bien voisin du désespoir. Charles l'emmena dans sa chambre, et resta enfermé avec lui jusqu'au soir, que M. de Florac vint les prendre pour les mener souper. Ferdinand le supplia de l'en dispenser pour ce jour là, et lui promit que le lendemain il serait plus raisonnable. En effet, il se dissimula à lui même ses sujets de crainte, et le reste de la traversée il se livra beaucoup plus à la société. On entra dans le détroit de Gibraltar. M. de Florac fit prendre des rafraîchissemens dans ce port, continua sa route sur la Méditerranée, et après trente jours de navigation, ils arrivèrent en face des îles Sainte-Marguerite, lieu désigné pour prison au malheureux Ferdinand.

A l'aspect du fort, Ferdinand sentit son cœur se serrer. Quelques larmes roulèrent dans ses yeux. — C'est donc là où toutes mes espérances vont s'anéantir, Charles, et tu veux t'enfermer avec moi dans ces tours formidables? — Le doute même, Ferdinand, serait une offense; tout à vous pour la vie, est à jamais ma devise.

Le capitaine les prévint qu'il fallait qu'ils restassent dans leur chambre, avec une sentinelle à leur porte. Tels étaient mes ordres, dit-il, pour toute la traversée: mais comme j'avais trouvé cette mesure tyrannique, parce qu'elle était sans nécessité, je m'en suis dispensé, mais il ne faut pas que M. de Saint Mars le sache.

Avant de se renfermer, Ferdinand voulut faire ses adieux à l'équipage. Les officiers, les matelots lui témoignèrent les plus touchans regrets: il donna à ceux-ci sa bourse; s'il eût dit un mot, ces braves gens eussent tout risqué pour le soustraire à la tyrannie; mais rien n'était plus opposé aux sentimens de Ferdinand, qui ne pouvait souffrir que le sang coulât pour lui, et les assura au contraire, que bientôt il serait libre, quoiqu'il n'en crût rien. Ils les remercia de leur tendre intérêt, et les engagea à rester fidèles au roi qui n'était jamais coupable des injustices de son ministre, qu'il ignorait presque toujours; puis il rentra dans sa chambre et attendit M. de Saint-Mars; à cet instant, il se sentit prêt à défaillir. Charles le serra dans ses bras, et lui dit: que votre mère ne peut-elle vous voir? — Les liens de la nature n'existent point pour les rois: ah! ils ont eu raison de ne me pas croire digne d'être dans le rang suprême, je n'aurais pu sacrifier à des raisons politiques les affections du cœur. Ma Félicie, c'est sur toi que je pleure, sur mon fils que, peut-être, je ne connaîtrai jamais. Mais ne croyez pas, mon cher Valroi, que je serai toujours aussi faible que vous me voyez dans cet instant: ce sont les dernières plaintes qui sortiront de ma bouche; je ne veux pas donner au cardinal la joie d'avoir ébranlé ma constance, et je lui prouverai que le petit-fils d'Henri IV, est aussi grand dans les fers qu'il l'eût été sur le trône. Et s'élevant au-dessus de lui-même, il parut un autre homme. A cet instant la porte de sa chambre s'ouvre, et M. de Saint-Mars paraît.

Sa physionomie n'avait rien qui pût inspirer la crainte; elle avait même l'expression de la sensibilité. Il fut aisé de voir qu'il éprouvait un extrême étonnement en apercevant le prince qu'il salua avec le plus profond respect, et lui dit : il m'est bien douloureux, monsieur, d'être chargé d'ordres qui devraient paraître injustes, puisqu'ils privent de la liberté un être parfaitement innocent, que personne n'accuse; mais que la seule loi, le salut de l'état, force à séparer de la société.

Cependant je me flatte que l'on ne pouvait choisir qui que ce soit pour remplir cette triste commission avec plus d'égards, de respect et d'attention que j'en aurai toujours pour votre personne. Tout ce que vous désirerez, excepté la liberté, vous pouvez demander, et je m'empresserai de vous le procurer. — Je vous remercie, monsieur, de vos bonnes intentions à mon égard; je ne vous accuserai jamais de mes malheurs, et je me plais à croire que vous n'aurez nullement la volonté de les accroître.

Monsieur, dit Charles, je vous préviens que je ne quitterai pas M. de Louvigny, dussé-je être enfermé avec lui, comme son valet de chambre — Je ne pourrais en effet qu'à ce titre vous l'accorder, et une fois renfermé avec lui, vous ne sortirez jamais. — C'est ce que je veux. — Monsieur de Valroi, pourrais-je souffrir que vous preniez pour moi un état si différent du vôtre ? — L'amitié ennoblit tout. — C'est une affaire arrangée. Puisque cela vous convient, dit M. de Saint-Mars, je ne m'y oppose pas.

Eh bien ! débarquons-nous ? reprit Ferdinand. — Avant de passer dans la chaloupe qui m'a amené, dit le gouverneur, il y a une précaution indispensable à prendre et dont, monsieur, dépendent vos jours ; c'est qu'il ne faut plus, à compter de ce moment, que personne voie vos traits et que vous permettiez qu'un masque de velours noir les dérobe désormais à tous les regards.

— Vous plaisantez, reprit Ferdinand, comment une semblable idée a-t-elle pu entrer dans la tête du cardinal ? c'est un raffinement de cruauté bien digne d'un italien. Mais, si je disais un mot, je vous ferais jeter à la mer, la frégate virerait de bord, et s'éloignant des côtes elle me conduirait dans une terre hospitalière où un prêtre ne règnerait pas en despote; que j'élève seulement la voix, et ce que je vous dis sera. — Non, monsieur, reprit M. de Saint-Mars, en lui posant le bout d'un pistolet sur la poitrine, vous ne me forcerez pas à tremper mes mains dans votre sang, soumettez-vous. — Au nom de Félicie, cria Charles en embrassant les genoux de Ferdiand, ayez le courage de vivre, votre modération désarmera peut-être vos ennemis. — O Félicie ! ce n'est que pour toi que je puis supporter ce dernier outrage. M. de Saint-Mars ouvrit une boîte qu'il avait apportée, et qui contenait ce masque, que l'on a toujours appelé de fer, quoiqu'il ne fût que de velours noir, mais avec un ressort d'acier qui faisait mouvoir la mâchoir, de sorte qu'il n'était pas nécessaire de l'ôter pour manger. Ce fut sous cette machine inventée par ce ministre plus cruel que son prédécesseur ; car, qui peut comparer la mort à ce long et inconcevable supplice ? ce fut, dis-je, sous ce masque qu'on ensevelit cette physionomie tout à-la-fois si noble et si gracieuse ; que ces yeux où brillaient l'amour le plus tendre et la fierté de la plus haute destinée furent à jamais cachés à ses semblables.

A peine eut-il consenti à placer ce masque sur son visage, qu'il entendit le bruit du ressort qui l'y fixait à jamais. Il dédaigna de se plaindre ; il sortit de sa chambre en donnant le bras à M. de Valroi ; personne de l'équipage ne parut ; il descendit dans la chaloupe, qui était conduite par des matelots de Nice. Ils abordèrent au pied des tours du fort Sainte-Marguerite, où on attendit que la mer se fût retirée pour entrer par une porte qui était au bas de la tour, et où on ne pouvait aborder dans les hautes marées, quoique moins sensibles sur la Méditerranée que sur l'Océan.

Dès que Ferdinand, son ami et M. de Saint-Mars furent entrés, on referma la porte. Quatre fusiliers étaient en dedans; ils firent monter Ferdinand et Charles un très-grand nombre de degrés, et ils arrivèrent sur une esplanade d'où l'on découvrait l'île, et une grande étendue de mer. C'était sur cette esplanade que rendait la porte de sa chambre, que M. de Saint-Mars ouvrit. Il était aisé de voir qu'on l'avait disposée pour y recevoir une personne de haute distinction. Elle était tapissée de damas cramoisi, un lit excellent, tous les meubles qui rendent une habitation commode, des vases avec des fleurs, une volière, car on savait que Ferdinand aimait les oiseaux. On avait apporté tout ce qu'on avait embarqué pour le prince sur l'*Atalante*; de sorte, qu'excepté *la liberté et toutes les jouissances de la nature*, il ne manquait de rien. Etait-ce le cardinal qui avait eu toutes ces attentions pour celui qu'il traitait d'un autre côté avec tant de rigueur ? Il est plus présumable qu'enfin son Eminence osa apprendre à la malheureuse mère le sort de son fils, enchaînant sa justice et sa sensibilité par la crainte, mais qu'elle exigea des soins infinis pour que cet infortuné eût, comme on le lui disait, tout ce qu'il pouvait désirer, hors sa liberté qu'on faisait envisager à la reine comme le plus grand malheur pour la France.

On avait disposé à côté de cette pièce un cabinet pour y loger un domestique. M. de Saint-Mars fit des excuses à M. de Valroi de le loger aussi mal; mais qu'il n'avait pas été prévenu que ce serait un gentilhomme qui habiterait cette pièce ; qu'au moins il allait y faire mettre un meilleur lit. — Je suis toujours bien près de mon ami, dit Charles.

Cependant le gouverneur s'occupa de faire apporter tout ce qui pouvait rendre la chambre de M. de Valroi commode; puis il laissa les amis, en les priant d'excuser s'il ne leur tenait pas plus long-temps compagnie. Ils l'en dispensèrent aisément, ils avaient besoin d'être seuls.

Je ne rapporterai point tout ce qu'ils se dirent et se répétèrent tout le temps qu'ils passèrent ensemble. Ils parlaient sans cesse de Félicie, de MM. de Liancourt, de Louvigny, de leurs compagnes, du directeur du collége. Ils comptaient les jours de leur détention, et rien ne changeait; M. de Saint-Mars les venait voir tous les jours, avait pour Ferdinand les attentions les plus recherchées; il avait fait placer des orangers, des jasmins et toute sorte de fleurs sur l'esplanade; il lui fit présent d'un magnifique épagneul; il avait des cartes, de la musique nouvelle. Ils étaient servis en vaisselle plate; rien n'est comparable à la délicatesse des mets qui leur étaient offerts, et cependant rien ne pouvait calmer les alarmes du prince sur sa femme et son fils; il aurait donné la moitié de sa vie pour en avoir des nouvelles; mais en vain il en avait demandé à M. de Saint-Mars, il répondait toujours qu'il n'en savait pas.

En vain, comme tous les historiens l'attestent, il avait tenté par l'espoir du gain, d'engager quelqu'un du dehors d'apprendre à ses amis le lieu de sa captivité, et à lui rapporter par les moyens qu'il indiquera, de leurs nouvelles; il ne put y réussir. Voici, dit-on, de quelle manière il s'y était pris. Le gouverneur mettait lui-même les plats sur la table, et après avoir servi, il sortait en fermant la porte en dehors.

Un jour Ferdinand grava ses malheurs avec un couteau, sur une assiette d'argent, qu'il jeta par la croisée vers un bateau qui était au rivage, presqu'au pied de la tour. Un pêcheur à qui ce bateau appartenait ramassa l'assiette, et la rapporta au gouverneur. Celui-ci étonné demanda au pêcheur : « Avez-vous lu ce qui est » écrit sur cette assiette, et quelqu'un l'a-t-il vue entre vos mains ? » — Je ne sais pas lire, répondit le » pêcheur : je viens de la trouver, » personne ne l'a vue. » Le paysan fut retenu jusqu'à ce que le gouverneur fût bien informé qu'il n'avait jamais lu, et que l'assiette n'avait été vue de personne. « Allez, lui dit-il, » vous êtes bien heureux de ne savoir pas lire. »

Le gouverneur ne se plaignit point à Ferdinand d'avoir cherché à intéresser en sa faveur, et il ne fit connaître à son prisonnier qu'il avait été instruit de cette tentative que parce que depuis ce moment le prince et son ami ne furent plus servis qu'en porcelaine de la Chine. Ainsi rien n'apportait de soulagement aux douleurs de Ferdinand, qui eussent été bien plus grandes encore, s'il avait connu le sort de sa famille adoptive. Je le trace en peu de mots pour n'y plus revenir.

CHAPITRE XXIX.

Aussitôt que M. de Liancourt, sa femme et sa fille furent arrivés à Bordeaux, ils en firent prévenir le nouveau directeur du collége, qui leur offrit d'aller à Paris pour voir le père Damery; ce que ces dames acceptèrent, n'étant pas en état de faire le voyage à ce moment. Félicie était si souffrante, que tout faisait craindre une fausse couche. Ils apprirent en arrivant à Lérac l'emprisonnement de M. et madame de Louvigny, qui leur donna de vives inquiétudes, elles ne furent que trop confirmées par les événemens qui suivirent.

On se souvient que le capitaine du *San Iago* était chargé de remettre au père de Robert de ** le procès-verbal qui constatait la mort de son fils. Le portugais sut que c'était un homme important dans la ville, il lui fit demander une audience ; l'intendant qui était très-inquiet de son fils, la lui accorda promptement ; mais, le ciel qui voulait punir leur affreux mensonge, permit qu'au moment où il ouvrit le paquet, et qu'il vit que Robert n'existait plus, il en ressentit une si profonde douleur que la goutte, dont il était attaqué, remonta et il mourut peu d'heures après. Cette nouvelle parvint à Lérac ; mais cette vengeance tardive ne put adoucir les angoisses dont ils étaient navrés.

Le directeur ne put voir ni le cardinal ni la reine. On partait pour les Pyrénées, où tout annonçait que le roi allait chercher l'archiduchesse Marie-Thérèse, pour l'unir à son sort. Il était impossible de se faire entendre des moindres commis. Les négociations, l'étiquette que l'on devait observer, les fêtes, les présens du roi à la cour d'Espagne, la corbeille de l'auguste fiancée, tout cela intéressait beaucoup plus qu'un infortuné enseveli dans une forteresse sous l'aspect bizarre d'un masque noir. Il ne pouvoit plus de là, remuer l'Europe; ainsi il était tout simple de l'oublier, et d'éloigner tous ceux qui pouvaient en éterniser le souvenir.

Le cardinal, du fond de son cabinet, expédia une lettre d'exil pour la famille de Liancourt à Lérac, et fit dire au successeur du père Saint-Armand, par le père Damery, qu'il eût à retourner dans son collége, ou qu'il serait envoyé au Paraguai. Le père Damery assura son confrère qu'il suivrait l'affaire de Ferdinand avec zèle, mais que l'instant n'était pas favorable; qu'il pourrait, sans utilité pour les amis du père Saint-Armand, se compromettre, et qu'il lui conseillait de partir Le pauvre jésuite revint tout effrayé. M. de Liancourt, sa femme et sa fille avaient déjà reçu l'ordre de ne pas quitter Lérac; ils surent que leurs parens étaient au château de Ham. Alors ils ne doutèrent plus que rien ne pouvait changer leur sort, et celui du malheureux prince, l'objet de leur sollicitude. Sa compagne perdit tout espoir; ses jours se consumaient dans les larmes; le sommeil fuyait de ses yeux, elle pouvait à peine supporter la plus légère nourriture. Elle exista ainsi, jusqu'au moment où elle donna le jour à un fils qui ne vécut que l'instant de recevoir le gage de la réconciliation. Sa mort que l'on ne put cacher à sa mère, parce qu'elle avait voulut le nourrir, fut le dernier terme de ses souffrances. La révolution qu'elle en éprouva, acheva de briser les faibles liens qui l'attachaient à la vie. Elle expira dans les bras de sa mère, invoquant la miséricorde céleste pour un époux adoré, et dont elle prononça le nom en rendant le dernier soupir.

Sa mère ne put résister à la douleur de sa perte, et quoiqu'elle eût désiré de vivre pour un époux qui lui était cher, elle alla quelque temps après rejoindre sa fille et son petit-fils, dans le séjour céleste. M. de

Liancourt désespéré, se retira au couvent de la Grande-Chartreuse, où il finit ses jours dans la plus haute piété, et n'ayant jamais eu connaissance du sort du prince infortuné sur qui il avait fondé de si douces espérances.

M. et madame de Louvigny sortirent du château de Ham à une époque dont nous parlerons bientôt, et vinrent achever leur triste carrière à Louvigny, où tout leur rappela les pertes qu'ils avaient faites, et où l'on assure qu'ils reçurent les détails les plus circonstanciés, et tels que nous les avons rapportés, des événemens qui se succédèrent depuis le départ de Ferdinand pour les Açores jusqu'à la mort de la reine. Le chevalier de Louvigny, comme nous l'avons dit, avait inutilement attendu son frère et sa belle-sœur à Brest, et il ne fut pas peu surpris de recevoir un ordre qui l'envoyait dans les Grandes-Indes, sans lui donner le temps d'avoir des nouvelles de ses parens. Quand il fut à la vue du cap de Bonne-Espérance, son vaisseau fut assailli par une tempête horrible, et périt corps et biens; et on n'a jamais su depuis de nouvelles ni de l'équipage, ni du capitaine qui ignorait en mourant les nouveaux malheurs de sa famille. Il ne nous reste plus qu'à tracer ceux des longues années de la détention de Ferdinand, qui n'offrira à nos lecteurs que le triste tableau d'un double trait de magnanimité digne, comme je l'ai dit, des acteurs de cette douloureuse scène.

Ferdinand avait perdu presque tout espoir d'avoir des nouvelles de ceux qu'il aimait, et de les revoir jamais; il se fit une habitude de ses regrets qui changèrent entièrement la teinte de son caractère, naturellement porté à l'amour du plaisir, de la gloire et des arts, comme l'était celui du roi. Il devint triste, pensif, passait des jours entiers sans proférer une parole; Charles cherchait à le tirer de sa profond. mélancolie. Ferdinand faisait effort quelquefois pour répondre aux soins de l'amitié, mais il retombait bientôt dans ses sombres rêveries. La musique cependant suspendait par moment ses peines habituelles. Il chantait des airs qui exprimaient ses sentimens; il se flattait que les vents portaient ses accens à sa bien-aimée. Il se faisait l'illusion qu'ayant su qu'il habitait l'île Sainte-Maguerite, elle était venue demeurer dans les environs; qu'elle s'approchait de la tour, il croyait quelquefois la voir. Charles n'osait détruire cette illusion, elle soutenait le poids des douleurs de son ami, et quand elle lui échappait, il retombait dans le plus sombre désespoir.

Un jour il vit dans le rade tartane où était une jeune femme qui allaitait un enfant. C'est elle ! c'est elle ! s'écria-t-il, et dans son transport il se serait précipité dans la mer, pour joindre celle qu'il croyait être Félicie, si la sentinelle qui était toujours sur l'esplanade quand les prisonniers s'y promenaient, ne l'eût retenu par le bras.

Déjà cinq années s'étaient écoulées; il ne restait plus à Ferdinand que les soins d'un ami dont la fidélité était au-dessus de tout éloge. Mais Dieu qui voulait épurer son cœur de toute affection terrestre, qui voulait après l'avoir formé le plus tendre et le plus sensible qui fût jamais, ne lui laisser aucun objet digne de lui, allait encore lui enlever ce précieux ami, pour qu'il portât toutes ses affections vers le souverain bien qui seul méritait son amour.

Depuis plusieurs jours, Charles éprouvait une oppression de poitrine qui lui ôtait le sommeil et l'appétit. Ferdinand s'en alarma, il pria M. de Saint-Mars de faire venir un médecin. Charles assurait que c'était inutile, et le gouverneur qui craignait toujours de se compromettre, hésitait encore; deux jours se passèrent, le troisième une toux violente fut suivie d'un crachement de sang. Ferdinand ne put contenir ses alarmes, il demanda avec une extrême hauteur à M. de Saint-Mars, d'envoyer chercher le médecin, il ne vint que le soir et trouva Charles très-mal. Il avait une fièvre violente, et tout annonçait une fluxion de poitrine avec les symptômes les plus effrayans. — Sauvez-le, disait Ferdinand, ou m'arrachez la vie; c'est le seul être qui prenne part à mes douleurs; ils m'ont tout ôté : que le ciel au moins me le laisse! Il passa la nuit entière auprès du lit de son ami mourant. Deux saignées que le médecin avait ordonné, et qui faites plus tôt eussent pû le sauver, ne lui donnèrent aucun soulagement.

Le lendemain matin le médecin trouva les taches noires au visage qui annonçaient la décomposition du sang. Il en instruisit M. de Saint-Mars qui envoya l'aumônier visiter le malade. — Je sais, dit Charles, ce que votre présence m'annonce: pour moi qui ai quitté à vingt-cinq ans tout ce qui peut attacher à la vie, pour m'enfermer loin de toute société, je ne redoute pas la mort, mais c'est pour cet infortuné que ma perte sera affreuse, je vous le recommande.

Ferdinand qui était occupé au moment où l'ecclésiastique entra, à préparer une potion pour Charles, n'avait pas pris garde au prêtre; mais quand il l'aperçut il vint à lui dans le plus extrême désordre. Quoi! faut-il qu'il meure; non, c'est moi qui dois quitter la vie; priez le Dieu de toute miséricorde de m'appeler à lui et que Charles vive, et qu'il aille porter la nouvelle de ma mort au cardinal. — Monsieur, dit M. de Saint-Mars, vous savez que le silence vous est ordonné. — Je sais que vous êtes l'agent le plus cruel...... — O mon ami! dit Charles, veux-tu rendre ma mort horrible. Ferdinand se tait et s'éloigne. Le ministre de la religion s'occupe du soin d'ouvrir à Charles les portes du ciel : il sort et revient apporter dans ce séjour de douleur, le maître des heureux du siècle et des infortunés, le juge des uns, le consolateur des autres. Ferdinand s'avance vers le lit de son ami, se jette à genoux, et la tête appuyée dans ses mains, il ne trouble l'auguste cérémonie par aucune plainte. On n'entend que les soupirs qui s'échappaient de sa poitrine. Il prie, et celui qu'on n'invoque jamais en vain, porte dans son cœur des consolations que la religion seule peut donner. L'ecclésiastique se retire. M. de St-Mars le suit: Ferdinand se lève et vient tomber dans les bras de Charles. Celui-ci le console, le fortifie contre le coup dont il est menacé, lui parle de Félicie, de son fils, lui fait entrevoir qu'il est possible qu'à la mort du cardinal il soit mis en liberté, car ils ignoraient que ce ministre était mort peu après le mariage de Louis XIV. Ferdinand l'entend à peine ; il ne voit que son ami expirant.

La nuit fut terrible. Plusieurs fois Ferdinand crut que la dernière heure de Charles était sonnée; il vécut cependant jusqu'au matin. Au moment où cet admirable ami voyait que le sacrifice qu'il avait offert à l'amitié allait devenir inutile, il pensa à sa mère. Son nom s'échappa de ses lèvres décolorées; il retentit dans le cœur de Ferdinand, et y réveilla d'immortels regrets ; cependant il promit à M. de Valroi de faire en sorte d'adoucir le sort de cette mère infortunée au moment qu'il en trouverait l'occasion. A l'instant où le médecin et M. de Saint-Mars vinrent dans sa chambre, Charles n'avait plus la force de s'exprimer, mais il fit entendre par signe à M. de Saint-Mars qu'il fallait éloigner Ferdinand. Ce fut impossible; il tenait M. de Valroi dans ses bras, lui criait de ne pas l'abandonner, de l'entraîner avec lui. Ses vœux furent inutiles. Le malade éprouva une légère convulsion qui effraya Ferdinand, il appela le médecin, et Charles n'était plus. Et malgré toute l'opposition de celui-ci M. de Saint-Mars l'emmena dans son appartement, où il le garda deux jours, pour laisser le temps de rendre les derniers devoirs à M. de Valroi et à aérer l'appartement où il avait fini sa vie.

Enfin le troisième jour, le désolé Ferdinand revint occuper sa lugubre demeure, où vainement il cherchait son ami, M. de Saint-Mars redoubla de soins et d'attention pour son prisonnier qui fut long-temps languissant et dont la tristesse aurait attendri les tigres qui le tenaient dans cette longue captivité, s'ils avaient pu le voir; mais le gouverneur n'osait pas en parler à M. de Louvois, ministre de la guerre, ne sachant pas jusqu'à quel point il était instruit de cet important secret. D'ailleurs, à l'état de marasme où était réduit le prince, il croyait qu'il n'aurait pas long-temps à souffrir.

Il fallait néanmoins remplacer pour les soins physiques l'incomparable ami qu'il avait perdu. Un homme, que son accent piémontais et un mauvais italien qu'il parlait fit croire étranger, parut convenir à ce poste; cet homme disait avoir servi dans les armées du prince de Condé, il avait des papiers qui l'attestaient, il consentait à s'enfermer avec le prisonnier; le gouverneur le prit avec la confiance qu'il n'avait aucune connaissance du sort de Ferdinand, et il le lui amena. Celui-ci le vit avec la plus parfaite indifférence, que l'autre affecta encore plus; mais à peine M. de Saint-Mars fut-il sorti, qu'il se jeta aux genoux du prince, et lui dit: Quoi! monseigneur, vous ne reconnaissez pas Perin? — Quoi! serait-il possible, dit Ferdinand! et par quel miracle es-tu ici? — Il y a trois ans, monseigneur, que je suis dans les environs, cherchant l'occasion favorable pour entrer dans la tour; celle de la mort de M. de Valroi, hélas! se présenta, et quelque douloureuse qu'elle fût, je la saisis; je savais qu'on n'admettait que des italiens pour servir les prisonniers ; alors pour me faire passer pour tel, je n'eus depuis trois ans de relations qu'avec ceux de cette nation, je m'apliquai à apprendre leur langue et à imiter leur accent ; j'y suis parvenu. J'ai acheté d'un soldat qui avait servi dans les guerres d'Italie, ses papiers ; notre signalement était le même ; avec ces précautions, je me suis présenté au gouverneur, pour être votre valet de chambre, et il m'a accepté. Me voilà réuni à mon cher maître que j'ai vu au berceau, que j'ai toujours suivi, jusqu'au jour où on vous enleva d'Angra, et je ne vous quitterai plus.

Ferdinand remercia la Providence qui lui rendait son serviteur ; mais une terreur secrète ne lui permettait pas de l'interroger ; il brûlait du désir de savoir si tout ce qu'il aimait existait encore, et il ne pouvait se décider à le lui demander. Il se borna à le prier de lui dire comment il avait pu apprendre le lieu de sa détention.

J'étais sur le *San Iago*, quand nous vous avons rencontré sur l'*Atalante*; il me fut donc parfaitement connu que c'était cette frégate qui vous avait enlevé, et quoiqu'elle ne fût point dans le port quand nous arrivâmes à Bordeaux, je pris la résolution, excité encore par M. de Liancourt, de parcourir tous les ports de l'Europe, jusqu'à ce que j'eusse retrouvé l'*Atalante*, et je fus dix-huit mois sans y réussir; enfin je la rencontrai à Livourne, et comme M. le comte avait remis à ma disposition des lettres de crédit fort considérables, j'en employai une partie à séduire le contre-maître de l'*Atalante*, qui enfin m'apprit que vous étiez aux îles Sainte-Marguerite, et vous voyez que je me suis conduit en conséquence, puisque me voilà. — Cher et précieux ami, te donner tant de soins pour venir perdre ta liberté. Ah ! combien depuis que j'existe, j'ai reçu de témoignages d'attachement qui ont bien peu d'exemple. Mais, dis-moi, mon cher Perin, puis-je t'interroger ? me répondras-tu avec vérité ? — Oui, si c'est sur ce que je puis savoir. — Ma femme, dis-moi, a-t-elle pu supporter tant d'assauts réunis sans que l'être faible qu'elle portait dans son sein, n'en ait pas été anéanti. — Elle a très-bien soutenu sa grossesse, et est accouchée à terme d'un fils. Je l'ai appris dans mes courses ; depuis je n'ai pu rien savoir. — Tu me trompes, Perin, et tu as tort, mon fils est mort ; tu verses des larmes. Félicie n'a pas survécu à ce dernier malheur, et je survivrai à sa perte. Félicie, ma chère Félicie, je ne te reverrai jamais. Malheureux ! pourquoi m'es tu venu chercher pour me ravir ma dernière espérance ? Les hommes ne peuvent que me nuire. Eh ! monseigneur, je ne vous ai rien dit — N'ai-je pas vu couler tes larmes, fallait-il venir les verser en ma présence ? Vois, je ne pleure pas, moi ; et cependant c'est ma femme, c'est mon fils que j'ai perdu ; je ne pleure pas : les femmes seules peuvent répandre des larmes : vois comme mon œil est sec. — Mon cher maître, qu'a-vez-vous ? vous vous troublez, vos membres se roidissent. O malheureux ! qu'ai-je fait, je suis venu pour le tuer. Monseigneur, mon maître, monsieur de Louvigny, parlez-moi, il ne respire plus, son cœur bat encore ; ah ! mon Dieu ! sans secours ;

sans oser en demander ! Ah ! pourquoi ai-je voulu le voir ! Je devais bien penser que ma douleur me trahirait. Monseigneur, monsieur de Louvigny répondez-moi. — Elle est morte, et mon fils...... Et deux torrens de larmes s'échappèrent de ses yeux, et lui conservèrent la vie.

Perin délivré enfin de l'excès de ses craintes, le presse contre son cœur, pleure avec lui, et répond à tout ce que son maître lui demande. Celui-ci apprend tout ce qu'il a perdu, sa femme, son fils, sa belle-mère ; la détention de M. et de madame de Louvigny ; la retraite de M. de Liancourt aux chartreux. O fortune ! dit-il, je puis à présent te défier ; tu ne peux plus m'enlever que la vie, et ce sera un bienfait. Ce premier entretien avait en quelque sorte épuisé les forces physiques et morales de

Ferdinand; il se trouva si mal qu'il fut obligé de se coucher.

Le lendemain il eut une fièvre ardente. M. de Saint-Mars qui s'était reproché sa négligence de n'avoir pas envoyé chercher le médecin assez tôt pour M. de Valroi, le fit venir dès le même jour pour le prince; celui-ci ne laissa pas ignorer qu'il craignait pour Ferdinand une maladie grave. Et en effet cet infortuné fut pendant près de six semaines entre la vie et la mort. L'aumônier qui avait assisté Charles à ses derniers momens, vint aussi adoucir les souffrances de Ferdinand. De fréquentes conversations fournirent à ce digne ministre des autels, le moyen de porter dans ce cœur déchiré par tant de douleurs, les consolations que Dieu réserve à la résignation; il rendit celle de Ferdinand complette; ne tenant plus à aucun lien sur la terre, cette âme aimante s'éleva jusqu'à Dieu, et il ne revint à la vie que pour la consacrer entièrement à son culte; il ne comptait plus les jours qui lui restaient à vivre que comme un temps d'épreuve dont la mort étant le terme le réunirait à sa bien aimée.

Depuis cet instant on le trouva toujours soumis aux décrets de la Providence. Sa mélancolie n'avait rien de farouche il répondait aux soins de M. de Saint-Mars et à ceux de Perin, avec reconnaissance, cultivait les arts, trouvait dans la littérature une distraction qui lui faisait supporter l'existence. Aussi, parvenu à sa vingt-cinquième année, il avait épuisé les plus touchans plaisirs et les douleurs les plus amères. Rien ne pouvait plus changer son sort, puisqu'il n'avait plus de point sur la terre où il pût fixer ses pensées qui toutes tendaient vers le ciel. Depuis la mort du cardinal, la reine avait perdu son influence dans le gouvernement, Louis XIV avait enfin voulu régner. Colbert et Louvois avaient sa confiance, mais prenaient directement se ordres. Il n'y avait plus de premier ministre ; cependant, comme il est impossible qu'un roi puisse entrer dans les moindres détails, il reste toujours aux ministres une part de despotisme qu'ils exercent inpunément. Louvois admis par le cardinal Mazarin au secret de la naissance de Ferdinand, et suivant le même système de S. Em., laissa ignorer au roi qu'il avait un frère qui languissait dans les fers. La reine, qui savait que le ministre connaissait cet affreux mystère, lui en parla et chercha avec lui les moyens de rendre la liberté à Ferdinand. M. de Louvois promit de seconder les intentions de la reine, si la ressemblance des deux frères, n'était pas telle que les factieux pussent s'en servir pour renverser du trône un prince si digne de l'occuper, et dont enfin les droits paraissaient au moins aussi certains que ceux de Ferdinand, et étaient mieux constatés. Il convint donc avec cette princesse, qu'il se rendrait aux îles Sainte-Marguerite.

CHAPITRE XXX.

Un jour M. de Saint-Mars vint de fort bonne heure dans la chambre de son prisonnier, et lui dit : — Connaissez-vous M. de Louvois ? — Non. — Il doit venir vous voir anjourd'hui et vous paraîtrez sans masque devant lui. C'est le ministre de la guerre, il peut beaucoup pour vous; vous pourrez lui parler avec confiance; c'est un homme dur, mais juste. — Il est trop tard, je ne veux plus rien que la mort. M. de Saint-Mars sortit pour aller recevoir le ministre, et Perin entra avec l'air de la joie. On venait d'apporter pour son maître une casaque de velours gros bleu, avec une large broderie d'or et d'argent, un chapeau à plumet, une perruque à la Louis XIV, une cravate de dentelle, des nœuds et une écharpe couleur de feu. — Voyez, voyez, monseigneur, cette magnifique toilette, on ne vous l'a pas fait faire pour rester en prison. — Je n'en sortirai jamais, il est bien inutile que je me pare ainsi. — Oh ! mon cher maître, par amitié pour moi permettez que je vous habille : et Perin était émerveillé de la bonne grâce de son maître. M. de Saint-Mars entra, ôta lui-même le masque dont il connaissait seul le secret. La longue privation d'air avait rendu Ferdinand pâle ; ses longs chagrins donnaient à ses regards quelque chose de languissant, mais il n'en avait pas moins les traits les plus réguliers, et les traces de tristesse qui y étaient empreintes rendaient sa physionomie encore plus touchante. M. de Saint-Mars ne put résister au respect et à l'attendrissement que le prince lui faisait éprouver, et se sentant prêt à verser des larmes, il sortit. Un moment après, on entend le canon du fort qui saluait le ministre. Ferdinand en éprouva un légère émotion.

Aussitôt les portes de la chambre s'ouvrent, et le superbe Louvois entre suivi de M. de Saint-Mars. On fit signe à Perin de se retirer. Le ministre frappé d'étonnement, s'arrête et se retournant du côté du gouverneur, il dit : cette ressemblance est au-dessus de tout ce qu'on peut imaginer. — Pardon, monsieur, si mes premières paroles n'ont pas été pour vous présenter mes respects; mais ma surprise est extrême: jamais rien ne s'est vu d'aussi prodigieux. — On dit que ma ressemblance avec le roi est frappante, je n'en puis juger n'ayant jamais vu mon frère. Il prononça ces mots avec une telle hauteur, que M. de Louvois en parut étonné; ils causèrent plus de deux heures, pendant lesquelles le prince se tint debout, n'ayant pu déterminer le ministre à s'asseoir. On n'a j'amais su ce qui se dit dans ce long entretien, dont Ferdinand se servit pour remplir le dernier vœu de M. de Valroi. — J'avais, dit-il, un ami, je l'ai perdu; il avait quitté pour moi sa mère, ses sœurs, pour me suivre et partager mes malheurs, en mourant, ceux de sa famille se sont retracés à sa mémoire; je lui ai promis de les adoucir. Le ciel m'en a donné le moyen en vous amenant ici. Il doit me rester quelque chose de mon ancienne fortune, je la donne à la famille de mon ancien ami. Le ministre promit que les intentions du prince seraient exécutées, et elles le furent. Du reste, cette entrevue ne changea rien pour le prisonnier, seulement ayant appris la mort du cardinal, il éprouva un sentiment pénible en pensant que la reine aurait pu le délivrer et ne l'avait pas fait. On assure que le ministre en laissa l'espérance à Ferdinand et l'assura que la reine était toute occupée de rendre son sort supportable; il en parut peu persuadé. Il demanda des nouvelles de ses parens adoptifs, pour ne pas laisser penser qu'il était instruit de leur malheur. M. de Louvois répondit qu'ils se portaient bien, et il quitta le prince après avoir vu poser devant lui le masque qui, d'après ce qu'il avait observé, était selon lui plus nécessaire que jamais. Perin fut désolé du peu de succès qu'avait eu cette visite, Ferdinand s'y était attendu, et reprit avec le plus grand calme ses occupations ordinaires.

Peu de temps après, il arriva à la cour un événement qui devait changer le sort de Ferdinand, et qui aurait dû avoir cet effet, si on eût jugé ce prince d'après les opinions reçues. La reine-mère qui depuis longtemps était attaquée d'un cancer qui lui causait des douleurs intolérables, apprit enfin qu'il n'y avait plus d'espoir de guérison. Toute la cour fut présente à l'instant où elle reçut les derniers sacremens. Ensuite, elle fit retirer tout ce qui était dans sa chambre, et resta seule avec le roi, à qui elle apprit enfin la naissance et les malheurs de son frère, et lui remit le portrait de cet infortuné, qu'on se rappelle qu'elle avait reçu du père Saint-Armand.

Le roi contraignit l'indignation que cette révélation lui fit éprouver pour ne pas ajouter aux remords que ressentait la reine. Il la pria de se tranquilliser, l'assura qu'il ferait tout ce qui serait en son pouvoir pour réparer une telle injustice; mais qu'il y mettrait une grande prudence, pour ne point troubler l'État. Il lui demanda seulement de n'apprendre à personne, qu'elle l'eût instruit de ce fatal secret; elle le lui permit, et parut plus calme.

Louis XIV avait reçu du ciel une âme grande, généreuse, pleine de droiture et en même temps ferme, et et capable de la plus parfaite discrétion. Il conserva pendant plus de quatre ans dans son cœur, ce secret qui pour tout autre eût été ou la cause d'une grande inquiétude ou celle d'une résolution tyrannique ; nous verrons de quelle manière Louis remplit la promesse qu'il avait faite à sa mère, en évitant l'un et l'autre écueil.

Depuis la mort du cardinal, Louvois avait été seul confident de la reine, par rapport à son malheureux fils. Nous l'avons vu aller au fort Sainte-Marguerite, pour s'assurer si la ressemblance était si frappante qu'on le disait; et comme il la trouva extrême, il conclut que l'on ne pouvait rien changer aux mesures arbitraires que l'on avait employées. Mais il craignait toujours que la reine n'en parlât au roi.

Anne vécut peu de jours après le pénible aveu qu'elle fit à son fils.

Louvois voyant que le roi ne parlait de rien et qu'il n'était occupé que des regrets que lui causait la mort de la reine, se tranquillisa et crut que cette princesse avait suivi son conseil, dont le but était de ne pas instruire le Roi de ce secret qui le mettrait dans une position pénible, et c'est ainsi qu'elle s'était tue jusqu'au moment où la crainte de l'enfer lui inspira le désir de charger le roi de réparer ses torts envers Ferdinand ; mais M. de Louvois n'en fut instruit ni par la mère ni par le fils.

La première chose que le roi se promit de faire, fut de voir l'infortunée victime de sa ressemblance ; mais il voulait que personne ne sût qu'il ferait ce voyage, et le prétexte d'une absence était difficile. La reine le suivait presque toujours et avec elle était madame de la Vallière, qu'il aimait passionnément. Comment s'en séparer, chaque jour il en faisait le projet ; et quatre fois les orangers de la terrasse du fort Sainte-Marguerite, s'étaient couronnés de fleurs et de fruits, depuis la mort de la reine, et Louis XIV n'avait pas encore voulu mettre à exécution son projet, lorsque celui sur la Franche-Comté lui donnait la possibilité de s'approcher de la Provence.

On sait avec quelle rapidité ce prince fit la conquête de la Comté, et lorsqu'on ne le croyait occupé que de fêtes et de plaisirs, il partit le vingt février, pour rejoindre l'armée que le prince de Condé avait été chargé de rassembler dans la Bourgogne, et il n'y avait pas douze jours qu'il était parti de Saint-Germain, que Besançon s'était rendu. Son nom seul prenait des villes; il profita d'un instant où il pouvait s'éloigner sans arrêter ses succès, et emmenant avec lui seulement le duc de Villeroi, fils de son gouverneur, le seul de ses courtisans à qui il donna l'unique fois le titre de favori. Il se rendit à cheval, enveloppé dans un manteau et cachant sa figure sous un chapeau rabattu, jusqu'auprès de Nice. Le roi envoya de là un courrier à M. de Saint-Mars, pour lui remettre l'ordre de venir sur-le-champ le trouver dans une maison du faubourg de la ville, où il l'attendrait.

M. de Saint-Mars se rendit aussitôt auprès du roi, qui lui dit qu'il voulait voir le prisonnier au masque de fer, et qu'il prît les précautions nécessaires pour qu'on ne sût point que S. M. fût venue au fort. M. de Saint-Mars l'engagea à ne venir aux îles Sainte-Marguerite que le soir. Il retourna pour prendre toutes les précautions convenables à la sûreté du roi; et pour prévenir son prisonnier qu'il pria de s'habiller, comme il avait fait lorsque M. de Louvois était venu le voir, sans lui en dire la raison : les prisonniers sont en général assez curieux. Ferdinand ne l'était point, sa vie n'était qu'une longue agonie.

Le soir SaintMars retourna à la maison où le roi et M. de Villeroi l'attendaient. Il avait fait amener une litière où le roi se plaça avec le duc; M. de Saint-Mars les suivit à cheval. Arrivés au bord de la mer, une tartane les attendait, et en peu d'instans le roi arriva à la forteresse, dont le pont se baissa à l'ordre du gouverneur, qui passa le premier. Le roi et le duc le suivirent, et il les conduisit dans la chambre de Ferdinand dont il fit sortir Perin. Le prince était devant une table sur laquelle étaient posées deux bougies; il lisait Cinna, et fit à peine attention quand on ouvrit sa porte. Le roi jeta son manteau, et approcha de son frère; celui-ci se retourna, et frappé d'étonnement: quoi! dit-il, serait-ce le roi? — C'est ton frère, dit ce prince, en se précipitant dans ses bras. Ferdinand le retint un moment sur son cœur. — Est-ce un songe! Louis XIV dans la prison de Ferdinand! — Oui, c'est moi qui viens vous rendre arbitre de notre sort; je sais tout, ma mère, que nous avons eu le malheur de perdre, m'a confié ce fatal secret. Nos droits sont égaux, et rien ne constate quel est l'aîné; la loi n'a pas prononcé, et vos longs malheurs doivent obtenir de grands dédommagemens. — Sire, je n'en réclame aucun, parce qu'il n'en est aucun qui puisse me rendre ce que j'ai perdu; je pardonne à ma mère, je sais qu'elle a désiré plusieurs fois me soustraire à la tyrannie du cardinal, mais inutilement. Que voulez-vous, mon frère, que j'accepte aujourd'hui? Félicie n'est plus, mon fils est mort en naissant, j'ai perdu tout usage de la vie, je n'en ai qu'avec ma douleur. D'ailleurs que de difficultés s'élèveraient ? — J'ai pensé, reprit le roi, que la seule manière serait de paraître tout-à-coup vous et moi dans l'assemblée des pairs que j'aurais convoquée. Leur étonnement serait extrême, en nous voyant, ils ne sauraient lequel des deux est le roi, je les instruirais du secret de notre naissance et les laisserais les maîtres de décider entre nous. — Leur choix, mon frère, serait bientôt fait. Vous êtes couronné par la victoire si chère aux Français. Moi, que ferais-je sur le trône que vous occupez si glorieusement; vous n'êtes pas encore parvenu à tout l'éclat qui signalera votre règne, et moi j'ai parcouru tout le cercle de l'infortune. Il n'est donc pas douteux qu'ils se décideraient en votre faveur, alors j'ôterais à Monsieur le second rang, et qu'y gagnerais-je? ce serait échanger des chaînes dorées contre celles que je porte; et d'ailleurs cette ressemblance qui est en effet si extraordinaire, servirait de prétexte à des conspirations dans lesquelles je me touverais compromis. J'aime mieux la paix des tombeaux que ces murs m'assurent, que de vivre dans une agitation continuelle qui ne pourrait me distraire de mes immortelles douleurs.

Le roi le pressa en vain de venir à la cour, d'y paraître au moins comme un prince de la maison royale. Ne pourrait-t-on pas dire que vous êtes fils de Louis XIII et d'une grande dame inconnue? — Non, mon frère, je ne veux point de la couronne parce que vous la portez bien mieux que je ne la porterais; je me sens assez fier pour vous la disputer, si je me trouvais placé dans la société d'une manière équivoque, et je ne répondrais pas que vos bienfaits ne fissent de moi un frère ingrat et peut-être un conspirateur. Laissez-moi finir ma carrière comme elle a commencé, exempte de tout reproche. Le roi sentit, en effet, que dans la position de son frère il n'accepterait pas la seconde place. Il passa la nuit avec Ferdinand dont il ne pouvait se lasser d'admirer la grandeur d'âme, l'esprit cultivé et surtout la modération qui lui faisait préférer une prison où il pouvait vivre tranquille, aux agitations de la cour.

La seule faveur que sollicita Ferdinand, fut la liberté de M. et madame de Louvigny, que le roi lui accorda sur-le-champ. Mais Ferdinand exigea que jamais ils ne sussent où il existait, ni même s'il existait encore. Je ne veux point, dit le prince, qu'un zèle inconsidéré les entraîne dans quelque projet criminel, car on ne saurait l'être davantage que de vouloir ôter à la France un de ses plus grands rois, pour le remplacer par une ombre fugitive, car je ne suis plus qu'un simulacre de moi-même. Le frère infortuné de Louis XIV, lui dit enfin, pour vous mettre à l'abri de tous reproches, je vais faire une renonciation aux droits que je pourrais avoir, que vous signerez ainsi que moi et MM. de Villeroi et de

Saint-Mars. Nous daterons cet acte de Nice, afin que cet acte se fît, pour l'acquit de sa conscience.

Comme l'aurore paraissait, M. de S.t-Mars fit observer au roi qu'il était temps qu'il se retirât. Les deux frères s'embrassèrent avec la plus grande cordialité. Le roi fit promettre à Ferdinand de lui écrire, et dit qu'il lui ferait passer ses réponses par M. de S.t-Mars (1).

Le roi ne s'éloigna de Ferdinand qu'avec beaucoup de peine, il donna ordre que l'on fit faire un masque que Ferdinand pût ôter et mettre quand il voudrait, et depuis cet instant, ce fut toujours par un acte de sa volonté qu'il déroba ses traits à tous ceux qui l'approchèrent, et lors-

---

(1) Il y a à présumer que cette précieuse correspondance a été supprimée à la mort de Ferdinand.

qu'il était seul avec Perin, il restait à visage découvert. Ce fut un des grands avantages que ce prince retira de la visite de son frère, et ce qu'on peut ajouter, c'est qu'en voyant ces illustres jumeaux, on ne pouvait décider lequel des deux était le plus magnanime. Et on gémissait que l'un par des circonstances aussi extraordinaires, fût condamné à languir dans les fers, tandis que l'autre étonnait l'Europe par la grandeur de ses exploits.

CHAPITRE XXXII.

Ferdinand n'éprouva aucun regret du parti qu'il avait pris, et cependant il ressentait une sorte de satisfaction en pensant qu'il avait refusé le trône : et ainsi l'amour-propre même lorsqu'on renonce en apparence à ses jouissances, sait s'en créer de ses propres refus. Perin qui avait entendu la conversation du roi, trouvait que son maître avait bien mal fait de refuser la couronne. Il fallait toujours accepter, monseigneur, quand vous vous seriez ennuyé de régner, vous auriez remis le sceptre à un autre. — Et ne comptes-tu pour rien le sang qui aurait coulé sans que mon frère et moi eussions pu l'empêcher? car les courtisans se fussent opposés à son abdication, et ceux qui, par inquiétude, sont avides de changement, eussent soutenu mes droits: et de là la guerre civile et toutes ses horreurs. Non, j'ai fait ce que j'ai dû, et ne m'en repens pas. Enfin, monseigneur, chacun a son goût: c'est au valet à se ployer à celui de son maître; vous aimez mieux être prisonnier que roi, il faut bien que je pense de même. Cette naïveté fit sourire Ferdinand.

Depuis ce moment M. de Saint-Mars redoubla de prévenances pour le prince; il craignait que sa santé ne souffrît de l'air du fort de Sainte-Marguerite qui était assez mal sain, il en écrivit au roi, qui proposa à son frère de venir à la Bastille où il serait plus à portée de lui, et où il pourrait le voir quelquefois; que d'ailleurs le gouverneur de cette citadelle était mort, et que M. de Saint-Mars aurait la place, en récompense de sa fidélité. Ferdinand y consentit: tous les lieux lui étaient égaux, il ne s'agissait plus pour lui que de remplir la tâche pénible de vivre. Il fut convenu que l'on partirait dans quinze jours, que Ferdinand prendrait le nom de Marchiali, et qu'il serait désigné comme italien; et comme M. de Saint-Mars demandait au prince s'il y consentait: cela m'est bien indifférent, répondit-il, quand on a dû s'appeler Bourbon, qu'importe le nom que l'on vous donne!

Le voyage n'eut rien d'extraordinaire que pour ceux qui virent descendre de voiture un homme avec un masque de velours noir. Du reste, M. de Saint-Mars avec qui il voyageait, s'arrêtait dans les meilleures auberges et les plus fréquentées; se faisait servir pour lui et son prisonnier un excellent dîner qu'ils mangeaient tête à tête, deux pistolets sur la table, pour éloigner, disait le gouverneur, les indiscrets : ils couchaient dans la même chambre.

Arrivés à la Bastille, le prince trouva un appartement aussi commode qu'il était possible dans ce triste château. On y avait transporté tout ce qui lui était agréable. Perin fut de même attaché au service du prince et se nomma Perini, ce qui, joint à son accent piémontais, persuadait réellement que lui et son maître étaient d'au-delà des Alpes.

Rien n'offrit depuis ce moment de sujets dignes de remarques; plus de trente ans s'écoulèrent sans qu'on entendît cette victime du pouvoir arbitraire former aucune plainte. Si le roi lui tint la parole qu'il lui avait donnée de le venir voir quelquefois quand il serait à la Bastille, c'est ce que j'ignore, mais je l'imagine, parce que Louis avait assez de magnanimité pour donner cette marque de reconnaissance à celui qui lui avait cédé si généreusement ses droits au premier trône du monde; ce qui est certain, c'est que l'on s'empressa toujours à procurer à cet illustre prisonnier tout ce qui pouvait lui plaire.

De sa chambre, par un escalier intérieur, il montait sur un belvédère d'où il apercevait tout Paris. On y avait fait placer une lunette d'approche; il y avait une volière et des fleurs; il lisait les papiers publics qui lui apprirent que M. et madame de Louvigny avaient terminé presqu'en même temps leur carrière dans leur terre, où ils avaient fait transporter les restes de Félicie, de son fils et de M. et madame de Liancourt; et qu'ils fondèrent un hospice pour les voyageurs, qui pouvaient y rester quatre jours, et recevaient dix sols par lieues qui leur restaient à faire pour arriver à leur domicile. Ferdinand désira d'être réuni à sa mort à ses tendres amis qui l'avaient précédé dans le séjour du repos, et ce fut une des choses qu'il demanda à son frère, et qu'il obtint, comme nous le dirons plus tard.

Ferdinand employa ses dernières années à se préparer à l'action la plus importante de la vie, et la dernière de toutes. Depuis dix ans, Perin était mort; malgré son grand âge, il avait servi son maître jusqu'aux derniers jours de sa vie. Ferdinand trouva encore des larmes pour pleurer ce fidèle serviteur, avec qui s'ensevelirent ses derniers souvenirs ; il n'eut plus la consolation de parler de Félicie, de son fils, du marquis de Louvigny, de Cécile, que cet homme avait vus à l'instant de sa naissance, de M. et madame de Liancourt, du bon jésuite. Les voûtes de la tour répétaient ces noms chéris, mais étaient insensibles à leurs malheurs.

Le valet de chambre fut remplacé par un domestique zélé et intelligent. Perin ne pouvait l'être. Le peu d'exercice que faisait Ferdinand, la recherche des mets qu'on lui servait en abondance, et dont il mangeait beaucoup, l'avaient rendu très-replet. Le médecin craignit pour lui une attaque d'apoplexie, et il ne se trompa pas.

Le 16 novembre 1703, il entendit la messe dans une tribune qui tenait à son appartement; il s'unissait au ministre des autels avec une grande piété, tout-à-coup sa tête pencha sur la balustrade et il tomba de côté. Son domestique qui était près de lui appela au secours. On vint l'aider à placer son maître sur son lit, où le médecin lui fit poser des vésicatoires qui lui rendirent la connaissance; mais ce ne fut qu'une fausse espérance; il en profita pour recevoir le gage de l'immortalité avec la plus grande ferveur, puis il tomba dans des spasmes qui ne lui laissaient pas de repos; et le troisième jour mit un terme à ses souffrances. A l'instant de sa mort, il demanda à M. de Saint-Mars d'accepter la bague qu'il tenait de la reine, en le priant de la garder pour l'amour de lui, et le portrait de cette princesse pour le remettre au roi; il désira aussi que son valet de chambre héritât de tout ce qu'il avait dans sa prison; ayant eu toujours à se louer de ses services. Après ces dispositions, qui furent exécutées, il mourut en disant : Je te rejoins, ma chère Félicie. Et ce furent ses derniers mots.

Le gouverneur de la Bastille fit embaumer son corps, et le fit transporter à Louvigny secrètement. On exposa sous la voûte de la Bastille, qui donnait dans la rue Saint-Antoine, le corps d'un homme mort qu'on avait apporté de l'Hôtel-Dieu, et le curé de Saint-Paul vint chercher pour l'enterrer sous le nom de Marchiali.

Comme on avait bien imaginé que la curiosité engagerait à faire ouvrir ce cercueil, on avait eu soin d'ôter la tête du cadavre; mais comme, je le répète, ce n'était point celui du fils de nos rois qui fut reçu avec respect dans l'hospice que ses parens adoptifs avaient fondé; ils furent placés dans la même tombe que celle qui renfermait les ossemens de sa compagne chérie, et l'un et l'autre dormirent en paix auprès de tout ce qui leur fut cher.

Ainsi se termina une vie dont les premières années furent troublées par des malheurs inouis, et dont une résignation religieuse rendit les dernières, sinon heureuses, au moins parfaitement calmes.

FIN.

www.ingramcontent.com/pod-product-compliance
Lightning Source LLC
Chambersburg PA
CBHW060128190426
43200CB00038B/1841